Kulinarische Reisewege

entlang der schönsten historischen Routen Deutschlands

Udo Eckert

Kulinarische Reisewege

entlang der schönsten historischen Routen Deutschlands

Bassermann

zum Stepha

Dank der saftigen Wiesen, *auf denen die Kühe im Allgäu grasen, kann aus ihrer Milch Käse von höchster Qualität erzeugt werden.*

Seite 4/5: *Folgen Sie schönen Wirtshausaushängern wie diesem zu den »Stephans Stuben« in Neu-Ulm.*

INHALT

Bei der Reise *entlang der Viezstraße laden unzählige Obstbauern zum Verkosten ihrer Produkte ein: Aus Äpfeln wird nicht nur naturreiner Saft hergestellt, sondern vor allem auch Apfelwein, Schnaps und Likör.*

Kulinarische Entdeckungen *sind selbstverständlich auf der Fahrt entlang der Reiserouten. Dazu gehört Exklusives genauso wie Bodenständiges.*

Einführung

Der Weg ist das Ziel – von dieser Erkenntnis habe ich mich als Autor und Regisseur, aber auch als bekennender Liebhaber der feinen Küche, leiten lassen, um das Konzept für die kulinarische TV-Serie *»Kulinarische Reisewege«* in Text und Bild zu realisieren.

Bei meinen kalorienreichen Recherchen zu diesem Thema konnte ich feststellen, dass historisch bedingte Reisewege und die touristischen Ferienstraßen wahre Routen für Genießer darstellen. Dennoch, Straßen sind mehr als Verbindungen zwischen Orten. Sie sind Schrittmacher der Geschichte, Fährten der Kultur, Wege der Begegnungen.

Die kulinarischen Reisewege führen, meist abseits der großen Verkehrswege, durch alte Kulturlandschaften und zu den verschiedensten Sehenswürdigkeiten. Sie ermöglichen uns, unsere Heimat mit ihren spezifischen Besonderheiten und Reizen in Muße zu erleben. Dazu sollte man ruhig mal sein Automobil verlassen und links oder rechts der jeweiligen Route die Landschaften, die Oasen der Ruhe, erwandern.

Die in diesem Buch beschriebenen Reisewege führen zu Städten und Dörfern von besonderem Charakter, zu herausragenden Kunst- und Kulturstätten ebenso wie in reizvolle Landschaften. Auf dem Weg lassen sich nicht nur Höhepunkte unserer Kultur wie romantische Burgen, mächtige Schlösser und Klöster oder interessante Museen entdecken, sondern auch zahlreiche Naturschönheiten und Kuriositäten.

Immer wieder fasziniert einen der besondere Bezug zum Kulinarischen. Sei es bei Bier, Wein, Käse, Salz, Obst oder besonderen Backwaren, aber auch bei so Stilvollem und Auserlesenem für den Tisch wie Glas und Porzellan.

Reisewege und -ziele waren schon immer Anlass für eine ausgeprägte gastronomische Entwicklung. So finden sich entlang der kulinarischen Reisewege vielfältige Beispiele exzellenter Landgasthäuser und ausgezeichneter Restaurants. Die ausgewählten Chef- und Sterneköche präsentieren spezielle Rezepte, die ihre unverwechselbare Handschrift tragen, aber auch Spiegelbild regionalen Ursprungs und heimischer Zutaten sind.

Wenn einer eine Reise tut, dann kann er was erzählen – und so freue ich mich, Ihnen mit meinen Randnotizen Anekdoten und Geschichten weitergeben zu können, die das Altvertraute wieder in Erinnerung rufen. Plötzlich sind Bilder, die man für verschollen hielt, wieder vor Augen, auf der Zunge und im Herzen.

Reisevergnügen, das ist für den einen die Fahrt durch unberührte Naturlandschaften. Ein anderer verbindet damit Rückbesinnung auf vergangene Zeiten. Diese Interessen werden bei den kulinarischen Reisewegen gleichermaßen berücksichtigt. Das Verbindende ist eine genussvolle Entdeckungsreise, wobei man »erfährt«, wie lustvoll es sein kann, eine Region durch ihre Küche kennen zu lernen, denn die Liebe – auch die zu einem Land – geht durch den Magen. In diesem Sinne wünsche ich Ihnen eine gute Reise – viel Spaß beim Lesen und Kochen und vor allem viel Freude beim Genießen!

Ihr

Machen Sie doch mal die Augen zu und denken Sie ganz intensiv an das Allgäu. Was sehen Sie vor sich? Vor allem wohl dieses: sattgrüne Wiesen, darauf glückliche braune Kühe mit Glocken um den Hals, bewaldete Hügel, gastfreundliche Almen, die hier »Alpen« heißen, Berge mit schroffen Gipfeln, Milch im Überfluss – aber da war doch noch etwas? Ja, genau: Käse. Und was für ein Käse!

Die Allgäuer Käseroute

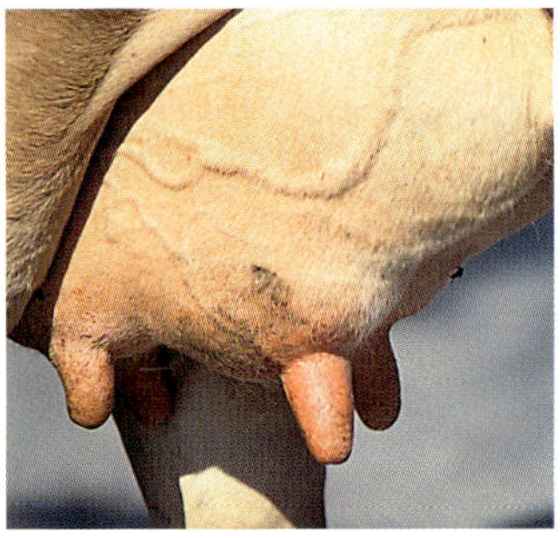

Rinder *finden auf den Almen des Allgäus optimale Lebensbedingungen – verständlich, dass aus ihren Eutern Milch bester Qualität fließt.*

Käse wurde von den Römern besonders hoch geschätzt. Der römische Komödiendichter Plautus verehrt den Käse in seinem Werk »Poenulus« mit folgenden Worten besonders eindrucksvoll: »Mein Honig, mein Herz, mein Leckerbissen, mein wolllüstiges Käselein.«

Waren Sie denn etwa noch nie im Allgäu? Dann sollten Sie das aber unbedingt nachholen. Leib und Seele werden es Ihnen danken! Viele Wege führen hierher, einige auch zur faszinierenden Handwerkskunst der Käserei. Es gibt einige lokale Käsestraßen und Käsewege, auf deren Verlauf der Tourist in einige bäuerliche Sennereien oder Sennalpen blicken, die Entstehung eines Allgäuer Käses verfolgen kann.

Zunächst aber ein kurzer Exkurs in die Geschichte. Schon vor 4000 v. Chr. ließen sich die ersten Menschen im Allgäu nieder. Es waren ursprünglich nomadisierende Jäger und Sammler, die sich Tiere zulegten und diese zu Hausgenossen machten. Die Siedlungen dieser Rinder haltenden Urbevölkerung lagen in einem natürlichen Grüngürtel oberhalb der Waldgrenze. Dies bot sich an: Das Höhenklima war damals wesentlich milder, die Täler waren häufig total versumpft und zudem dicht bewaldet. Noch heute erinnern Vieh- und Sennalpen auf den freien Matten der Hochtäler an diese historische Besiedelungsform.

Im so genannten *Hausbuch der Cerruti ist die Buchmalerei Caseus uetus (alter Käse) abgebildet. Verona oder Lombardei, 14. Jahrhundert.*

Mit dem Wort »Alpe« ist übrigens nur die Weidefläche im eigentlichen Alpenraum gemeint. Sowohl das alemannische Wort »Alpe« wie auch das bayerische »Alm« gehen auf das lateinische Wort »alpis« zurück. Im Althochdeutschen wurde aus »alpis« ein »alpa« und im Mittelhochdeutschen ein »albe«. Der Wortstamm selbst wurde dem Keltischen entlehnt, wo er »hoch«, aber auch »Gebirge« oder »Berg« bedeutete. Nimmt man dann noch das lateinische Wort für weiß »albus« dazu, könnte die Bedeutung »weiße Berge« entstehen. Mit Sicherheit waren die oft monatelang verschneiten Berggipfel für die Menschen der damaligen Zeit Anlass für diese Wortschöpfung. Auf jeden Fall nannten die Alemannen diese Region »alpgäu«, woraus unser heutiges »Allgäu« entstand.

Als die Römer im Jahre 16 v. Chr. in das Allgäu kamen, bewohnten die Kelten das Land zwischen Donau, Alpen und Bodensee. Sie betrieben bereits Alpwirtschaft und verkauften Alpenkäse an römische Händler, die ihn bis an den Kaiserhof in Rom brachten. Die Römer liebten den Käse. Plinius sprach damals schon von 20 verschiedenen rätischen Käsesorten. Kaiser Caligula soll sogar am übermäßigen Verzehr von Alpenkäse gestorben sein – was aber sicher nicht auf dessen Qualität zurückzuführen war. Im fünften Jahrhundert übernahmen die eingewanderten Alemannen die Alpwirtschaft in den Allgäuer Bergen und dehnten sie durch vermehrte Rodung aus. Im Jahr 820 lieferte nachweislich die Alpe Gelchenwang im hinteren Gunzesrieder Tal Käse an den fränkischen Hof in Kempten. Doch in den folgenden Jahrhunderten reduzierte sich die Herstellung von magerem

Die Allgäuer Käseroute *führt an dem idyllisch gelegenen Ort Niedersonthofen mit seinem gleichnamigen See vorbei.*

Auf den Allgäuer Almen *sieht man häufig die typischen braunen Milchkühe.*

Täglich *wird die gemolkene Milch von den Sennalpen und Höfen abgeholt, um sie zu Trinkmilch, Käse und anderen Milchprodukten zu verarbeiten.*

Alpenkäse und trockenem Backsteiner (der wegen seiner Form so hieß) auf die Eigenversorgung und das Aufbringen der Pflichtabgaben, denn die Hauptnutzung der Alpen beschränkte sich zunehmend auf die Aufzucht von Jungvieh. Die kräftige Bewegung in Höhensonne und reiner Luft sowie der hohe Nährwert des Alpenfutters schufen Tiere, die bei den Flachlandbauern begehrt waren und die sie – wegen der geringen Aufzuchtkosten – auch bezahlen konnten.
Weil im Flachland der Ackerbau zunahm, wurde das Vieh in stickige Ställe verbannt. Deshalb brauchte man gesunde Nachzucht aus den Berggegenden: das Allgäuer Braunvieh. Die Rasse »Allgäuer Dachs« (ein Tier wurde bis zu 4 Doppelzentner schwer!) zeichnete sich durch Genügsamkeit, Gesundheit, Milchergiebigkeit, Langlebigkeit und Fruchtbarkeit aus. Der Viehverkauf brachte Geld ins Land. Nach den Alpabtrieben in Oberstdorf und Hindelang, aber auch auf den Märkten in Sonthofen und Immenstadt wechselte das Vieh an Käufer aus dem schwäbischen Unterland und Württemberg. Selbst aus Italien, Ungarn und der Schweiz, ja sogar aus Preußen und Russland kamen die Viehaufkäufer. In der Blütezeit der Sonthofener Märkte wurden bis zu 6500 Tiere aufgetrieben. Ein Großteil kam von Balderschwang über den Bergsattel am Bleicherhorn in das Gunzesrieder Tal. Man kann sich vorstellen, was auf dieser Strecke los war – schließlich wollte jeder Bergbauer an dem Segen teilhaben.

Wer selbst keine Alpe besaß, suchte Weiderechte bei denen, die eine hatten. Die Talgrundstücke wurden meist für den Anbau von Gerste, Hafer und vor allem Flachs genutzt. Der Bauernstand wähnte sich in Wohlstand. »Um Thalkirchdorf und um Immenstadt her«, schrieb Peter Dörfler in seiner Allgäu-Trilogie, »leuchteten die Flachsfelder zur Frühsommerzeit immer noch wie aus der Himmelsdecke getropfte Seen. Einmal hatte es so ausgesehen, als ob zur Sommerzeit die Adler sich zwischen zwei blauen Himmeln, dem obe-

Im höchst gelegenen Dorf *Deutschlands lädt die Bergkäserei Diepolz zu einem Besuch ein.*

Emmentaler, *Romadur und Limburger Käse zählen zu den Spezialitäten der Käserei Diepolz.*

ren und dem unteren, wiegen könnten – doch nun, was bedeutete das Erblassen der blauen Hänge? Mehr und mehr wurden jene himmelblauen Rechtecke ausgelöscht. Eins nach dem andern schwand, so wie Schneekatzen im Lenz sich sachte davonmachen.« Die Antwort? Es bedeutete Fortschritt.

Inzwischen hatte der mechanische Webstuhl die Tuchherstellung billig gemacht und Baumwolle aus Übersee das heimische Leinen verdrängt – da war kein Platz mehr für die handgewebten Allgäuer Tücher. Ganz allmählich war Flachs überflüssig geworden, der Rohstoff, von dessen Anbau die meisten bis dahin zwar mühsam, aber doch erträglich gelebt hatten. Hinzu kam, dass im 19. Jahrhundert auch der Absatz von Jungvieh nachließ. Aus Tirol, Vorarlberg und der Schweiz wurden junge Rinder billig eingeführt. Es herrschte Notzeit im Allgäu.

Da traf es sich, dass ein paar neugierige Allgäuer Pferdehändler bei ihren Reisen in die Schweiz beobachtet hatten, wie dort die Bauern Gülle auf die Wiesen kippten. Und, oh Wunder, das Gras wuchs besser, die Kühe gaben mehr Milch – und die verarbeiteten die Schweizer zu einem hervorragenden Käse. Schnell verbreiteten die Händler ihr neues Wissen, und die Allgäuer Bauern übernahmen, was die Schweizer vorgemacht hatten. Die Folge: Aus dem bislang blauen Allgäu wurde Anfang des 19. Jahrhunderts das heute bekannte Grünland mit seiner Milchwirtschaft. Der über Jahrhunderte auf den Alpen hergestellte Rundkäse war mager und von geringer Haltbarkeit. Dennoch fand er, in Fässer verpackt und auf Flöße verfrachtet, seine Verbreitung die Iller hinab bis Ulm und weiter auf der Donau bis Wien. 1820 kamen aus der Schweiz Senne, die das Herstellen von fetten, großen Rundkäsen lehrten. Eine Sensation! In

Damit Käse *zu hervorragender Qualität heran reift, muss er entsprechend gepflegt werden, wie hier in der Käserei Diepolz.*

Untermühlegg bei Fischen wurden die neuen, großen Laibe gegen 6 Kreuzer Eintrittsgeld gezeigt. 1827 kam dann der Durchbruch. Aurel Stadler, ein findiger Fuhrunternehmer aus Oberstaufen, verpflichtete den Schweizer Senn Johannes Althaus auf die Gunzesrieder Alpe. Seitdem wissen die Allgäuer, wie man richtigen Emmentaler macht. Und ein neuer Berufsstand war geboren: der Käser.

Aus den Viehalpen wurden wieder Sennalpen, denn die Meinung, dass nur auf den Alpen guter Käse herzustellen sei, gab der Alpwirtschaft neuen Auftrieb. Auch heute noch gilt: Den besten Käse gibt es ab 1000 Meter Höhe, denn dort geben die Kühe auf den naturbelassenen und kräuterreichen Bergweiden die beste Milch. Dennoch: Johannes Althaus verlegte aufgrund der verbesserten Milcherträge die Produktion von Emmentaler ins Tal, nach Sonthofen – der Talkäse war geboren. In diese Zeit fallen auch die neuen Erkenntnisse eines gewissen Carl Hirnbein aus Missen, der als »Notwender« in die

Allgäuer Geschichte einging. Von seinen vielen Reisen brachte er aus Holland und Belgien das Geheimnis zur Herstellung von Limburger und Romadur mit. Aus dem Rohstoff Milch entstehen je nach Anteil von Lab und Säuerungskulturen sowie entsprechend der Körnung des so genannten Bruchs und dem Reifegrad viele Hart-, Schnitt- und Weichkäsesorten. Typisch für das Allgäu sind neben Emmentaler, Limburger und Romadur die Sorten Bergkäse und Weißlacker.

Für den Allgäuer Raum sind Bergkäse (casei alpini) schon lange bezeugt. Seit dem frühen Mittelalter hat sich dieser Käse über 1000 Jahre kontinuierlich auf den Alpen des oberen und westlichen Allgäus erhalten, seit Anfang des 19. Jahrhunderts wird er auch im Tal hergestellt. Der Bau von Wegen zu den Alpen erleichterte den Abtransport der Milch von den hoch gelegenen Weidegebieten. Damit stand der wertvolle Rohstoff den dörflichen Sennereien ausreichend zu Verfügung.

Der Bergkäse ist ein runder, wegen der schwachen Lochbildung wenig gewölbter Laib mit einem Gewicht von 40 bis 50 Kilogramm. Aus Rohmilch gewonnen und mit einem Trockenmassegehalt von über 60 Prozent ist er sehr lange haltbar. Seine Rinde ist nach einer Reifezeit von 6 bis 7 Monaten dunkelgelb bis bräunlich. Je nach Alter dieses Hartkäses sind Geruch und Geschmack pikant bis kräftig würzig mit nussartigem Aroma.

Verschiedene Käsespezialitäten *lassen sich am besten bei einer »Käsejausen« kennen lernen.*

Über die Entstehung des Weißlackers gibt es mancherlei Anekdoten. So soll irgendwann ein Käserlehrling einige Käsebruch-Stücke in der Salzlake vergessen haben. Erst nachdem es in der Sennerei mächtig zu stinken begann, wurde der weißliche Fehler-Käse von den Sennen mit Genuss zu einem kräftigen Bier vertilgt. Tatsache allerdings ist, dass dieser salzreiche Käse Mitte des 19. Jahrhunderts erstmals von den Gebrüdern Kramer in Wertach hergestellt worden ist – für die Münchner Abnehmer, die einen schärferen Käse wünschten. Den Namen Weißlacker hat der Käse seinem Aussehen zu verdanken: In reifem Zustand ist er mit einer weißlichen, lackartigen Schmiere überzogen. Die Allgäuer nannten ihn früher deshalb auch »Weißschmierer«. Der Weißlacker darf nicht zu schnell reifen. In der Regel kommen die Käse im Alter von 5 bis 6 Monaten in den Handel; manchmal werden sie bis zu einem Jahr und länger gelagert. Der halbfeste Weichkäse wird gern zu einer kräftigen Brotzeit mit Bier verzehrt. Ein Käse, der nicht für feine Nasen bestimmt ist: Offen dargereicht, verbreitet er nach kurzer Zeit einen scharfen, durchdringenden Geruch. Auf der Zunge jedoch entwickelt er sein konzentriertes, aber sehr pikantes Aroma.

Wo lässt sich die Käseherstellung am ursprünglichsten erleben? Natürlich auf einer Sennalpe. Die Kühe werden jeden Tag morgens und abends gemolken, selbstverständlich von Hand.

Auf einer Haustafel *in Wilhams heißt es: »In diesem Hause machte Carl Hirnbein (1807–1871), der Begründer der Allgäuer Weichkäserei, anno 1830 den ersten Limburger.« So wurde das Allgäuer Käseangebot um die Vielfalt der Weichkäse bereichert.*

Die Allgäuer haben das Käsemachen von ihren Schweizer Nachbarn gelernt. Dafür wurden Senne aus der Schweiz ins Allgäu regelrecht abgeworben.

Ein Laib Bergkäse *aus Grünenbach wiegt zwischen 40 und 50 Kilogramm.*

Der Käser *prüft den Käsebruch, denn dieser bestimmt die spätere Käsequalität entscheidend mit.*

Lab *wird aus Kalbsmägen gewonnen und der Milch als Gerinnungshilfe zugesetzt.*

Zum Abtropfen *wird ein Netz in die Käsemasse gelassen und mit der Masse gefüllt hochgezogen.*

Die Abendmilch wird in Holzschüsseln gefüllt, diese werden gestapelt – und am nächsten Morgen kann man »absahnen«. Das heißt, der Rahm wird abgeschöpft und wandert ins Butterfass zur weiteren Verarbeitung. Die abgerahmte Abendmilch kommt zusammen mit der frischen Morgenmilch in einen Kupferkessel. Diese Mischung bestimmt den Fettgehalt des Käses. Ein Feuer unter dem Kupferkessel erwärmt die Milch auf 32 °C. Zur Qualität der Milch kommt nun das zweite Merkmal für einen ausgezeichneten Käse: wertvolles Naturlab und etwas angesäuerte Molke. Das Lab wird aus den Mägen von Kälbern gewonnen und bewirkt, dass die Milch gerinnt, aber nicht sauer wird. Nach 30 bis 40 Minuten ist die Milch geronnen und wird mit der Käseharfe sorgfältig geschnitten. Dieses Bruchschneiden ist entscheidend im Käsungsverlauf. Der Senn muss den genauen Zeitpunkt erkennen, um später keine Käsefehler zu verursachen. Mit der Hand prüft er die eingedickte Milch und später auch die Größe der Bruchstücke. Das Ganze muss nun gut eine Stunde gerührt werden, auf der Alpe natürlich wieder per Hand. Dabei wird der Kesselinhalt auf 51 °C erhitzt. Rühren, Holz nachlegen, die Temperatur messen – das Käsen artet in Arbeit aus. Ist genug gerührt, wird erneut die Konsistenz der Masse geprüft. Ist die Probe gut, wird der Käse mit dem Käsetuch aus dem Kessel herausgenommen, er wird »ausgezogen«. Nun wird der Käse im Tuch mit der flachen Hand in eine runde Holzform gedrückt. Bereits nach zehn Minuten muss der Laib zum ersten Mal gewendet werden, damit es keine Molkerückstände im Käse gibt. Der Vorgang wird vier- bis fünfmal wiederholt, dabei jedesmal ein frisches Tuch verwendet, so dass die Molke vollständig abfließt. Bei einem Gewicht von bis zu 30 Kilogramm pro Laib ist das alles echte Knochenarbeit, die zwei kräftige Sennen fordert. Am nächsten Tag wird der Käse dann für drei Tage in eine kräftige Salzlake gelegt. Dieses Salzbad bewirkt, dass der Käse von außen sofort dicht abschließt und im Inneren sorgfältig reifen kann. Für diesen Prozess wird der Käse nach dem Bad in den Erdkeller gebracht und alle zwei Tage mit Salzwasser gewaschen, gepflegt und abgerieben, damit der Käse erst eine schöne Schmiere, später die richtige Rinde erhält.

Im Reifekeller herrschen eine Temperatur von ca. 12 °C und eine Erdfeuchtigkeit von ca. 80 Prozent – ideale Voraussetzungen für den Reifeprozess, in dessen Verlauf auch die Löcher in den Käse kommen: Bakterien bauen den Milchzucker ab und verwandeln ihn in Milchsäure. Die dabei entstehende Kohlensäure verursacht die Löcher. Fünf bis sechs Monate müssen vergehen, bis der Käse ausgereift ist und die Gaumen der Feinschmecker verwöhnen kann.
Die Herstellung von Hartkäse verläuft in allen Allgäuer Käsereien oder Sen-

Die frisch geformten Käselaibe *werden mehrere Tage in ein Salzbad gelegt, damit sie anschließend im Inneren sorgfältig reifen können.*

nereien nach diesem traditionellen Prinzip. Die körperliche Arbeit wird durch mancherlei mechanische Hilfen erleichtert, was der Qualität keinen Abbruch tut. Für alle Käse gilt das Sprichwort: »Der Käse verrät die Milch!« – und die ist im Allgäu nun einmal einzigartig.

Bobbi, Zotti, Lisa – das sind drei der glücklichen Kühe, deren kräuterwürzige Milch 20 Bauern in der Bergkäserei Diepolz seit 1896 zu hochwertigem Bergkäse und Emmentaler verarbeiten lassen. Die saftigen Weiden um Diepolz kommen ohne Chemie, Kunstdünger oder Unkrautvernichtungsmittel aus. Silage ist, genau wie anderes vergorenes Futter, verpönt. Im Winter bekommt das Vieh das gesunde Wiesenheu, dem selbstverständlich nichts beigegeben wird. Schließlich ist bekannt, dass Soja und Mais den Milchgeschmack beeinträchtigen. Markus Hartmann, der Käsermeister von Diepolz, kann sich auf die guten Eigenschaften der Diepolzer Milch verlassen, weil er die Herkunft kennt.

In Zurwies *haben sich Anton Holzinger (im Bild) und Richard Kurzweil auf französische Weichkäsesorten spezialisiert.*

Gleich hinter Wangen in Richtung Leutkirch geht es in Deuchelried den Berg hinauf nach Zurwies. Der ganze Ort besteht aus nur drei Gebäuden. Der Name des Dörfchens ist übrigens nicht auf die Wiesen rund um den Weiler zurückzuführen, sondern leitet sich von »wise« = Pein, Strafe ab. Bis vor 50 Jahren stand hier noch ein »Wisbildlein« (Christus an der Geißelsäule). Unser Interesse gilt dem größten Gebäude, der Käserei Zurwies. Seit 1899 wird dort gekäst, und seit 1991 haben sich hier Anton Holzinger und Richard Kurzweil, beide erfahrene Käsermeister, der traditionellen handwerklichen Verarbeitung von Rohmilch aus biologischer Erzeugung verschrieben. Als erste Weichkäserei in Deutschland darf sich der Betrieb »garantiert gentechnikfrei« nennen. Der überzeugte Bio-Käser Anton Holzinger erklärt seinen Ausstieg in die Selbständigkeit so: »In einem Großbetrieb geht durch die automatisierte Verarbeitung immer mehr die Qualität und der Geschmack verloren, außerdem kommt das handwerkliche Können nicht mehr zum Tragen.« Die Käserei Zurwies ist mit ihren 1,4 Mio. Liter Milch im Jahr immer noch eine der kleinsten Käsereien in Deutschland, hat aber mit 23 verschiedenen Sorten das größte Angebot an Weichkäsen. Der »Vacherin«, eine Spezialität aus dem französischen Jura, wird in Deutschland exklusiv von Zurwies hergestellt, ebenso der »Valleray«, ein 52-prozentiger Camembert, benannt nach einem Nachbardorf. »Wir sind kreativ und flexibel«, sagt Richard Kurzweil mit einem Augenzwinkern, »wenn eine Sorte nicht gut beim Verbraucher ankommt, wird sie wieder aus dem Sortiment genommen.« Wer die Spezialitäten nicht direkt bei den Kurzweils erstehen kann, bekommt sie im Naturkosthandel unter der Marke ÖMA (Ökologische Molkereien Allgäu).

Vacherin *und Valleray zählen zu den exklusiven Produkten der Käserei Zurwies.*

Die geronnene Milch *wird mit einer Käseharfe sorgfältig geschnitten – so entsteht der Käsebruch.*

Die abgetropfte Käsemasse *wird in Formen gedrückt, die das Aussehen des Käses erahnen lassen.*

Die Käse *werden nach dem Salzbad auf einem Abtropfwagen in den Reifekeller transportiert.*

Christian Henze *im »Landhaus Henze« sorgt mit der Chartreuse von der Wachtel mit Trüffel und Sellerie-Bergkäse-Ravioli für einen kulinarischen Höhepunkt auf der Fahrt entlang der Allgäuer Käseroute.*

»Kochen ist ein Gefühl, nichts anderes! Wenn noch Liebe und Leidenschaft dazukommen, wird es ein Gedicht.« Im »Landhaus Henze« in Probstried beweist Christian Henze persönlich, dass dieses Zitat zutrifft.

Chartreuse von der Wachtel mit Trüffel und Sellerie-Bergkäse-Ravioli

Für 4 Personen

Chartreusen

- *4 große Wachteln, entbeint*
- *150 g Hähnchenbrustfilet, fein gewürfelt*
- *180 g Sahne*
- *1 Eiweiß*
- *Salz*
- *Pfeffer aus der Mühle*
- *150 g grüne Spargelspitzen, in 4 cm langen Stücken*
- *200 g Gänseleber, fein gewürfelt*
- *100 g Périgordtrüffel*

Sauce

- *200 ml Geflügelfond*
- *100 ml roter Portwein*
- *100 ml Madeira*
- *100 ml Trüffeljus*
- *10 g Périgordtrüffel, fein gehackt*
- *2 EL kalte Butterflöckchen*

Außerdem

- *4 kleine Metallringe von 7 cm Durchmesser*

1 Für die Chartreuse die Wachtelkeulen in feine Würfel schneiden. Mit den Hähnchenbrustwürfeln, der Sahne und dem Eiweiß in einer Metallschüssel vermischen. Mit Salz und Pfeffer würzen. So lange in das Gefriergerät stellen, bis die Sahne am Schüsselrand leicht anfriert.

2 Die Spargelspitzen in wenig kochendem Salzwasser 3 Minuten blanchieren, abschrecken und abtropfen lassen. Die Gänseleber und die Wachtelbrüstchen mit Salz und Pfeffer würzen. Die Trüffel gründlich reinigen und mit dem Hobel in hauchdünne Scheiben schneiden.

3 Den Backofen auf 120 °C vorheizen. Die angefrorene Sahne-Fleisch-Mischung in der Küchenmaschine mit dem Schneideaufsatz zu einer feinen Farce verarbeiten. Ein Backblech mit Alufolie auslegen und die

Chartreuse von der Wachtel mit Trüffel und Sellerie-Bergkäse-Ravioli.

Metallringe darauf setzen. Jeweils etwa 1 bis 2 Esslöffel Farce in die Förmchen geben und darin verstreichen.

4 Die Spargelstücke mit den Spitzen nach oben in die Farce setzen und an die Metallringe drücken. Nacheinander Gänseleber, etwas Farce und die Wachtelbrüstchen in die Formen füllen. Mit einer Schicht Farce abschließen und diese glatt streichen.

5 Das Blech in den heißen Ofen schieben und die Chartreusen darin etwa 30 Minuten garen. 5 Minuten vor Garzeitende die Trüffelscheiben rosettenartig auf den Chartreusen verteilen.

6 Für die Sauce Geflügelfond, Portwein, Madeira und Trüffeljus auf etwa 100 Milliliter einkochen lassen. Trüffel und Butterflöckchen nach und nach unterschlagen und aufkochen. Die Chartreusen aus den Ringen lösen und mit der Sauce servieren.

Stimmungsvolles, *gepflegtes Ambiente im Allgäuer Stil – so tafelt man im »Landhaus Henze«.*

Sellerie-Bergkäse-Ravioli

Für 4 Personen

Ravioliteig

- *200 g Mehl*
- *100 g sehr feiner Hartweizengrieß*
- *2 Eier, 2 Eigelbe*
- *1 TL Salz*
- *1 EL Olivenöl*

Füllung

- *2 EL Butter*
- *400 g Knollensellerie, fein gewürfelt*
- *1 Karotte, fein gewürfelt*
- *1 Zwiebel, fein gewürfelt*
- *2 EL trockener Sherry*
- *100 ml Gemüsebrühe*
- *80 g frisch geriebener Bergkäse*
- *Salz*
- *frisch gemahlener weißer Pfeffer*
- *frisch geriebene Muskatnuss*
- *1 Eiweiß*

1 Für den Ravioliteig alle Zutaten zu einem glatten Teig verarbeiten. Zu einer Kugel formen und mit einem feuchten Tuch abgedeckt an einem warmen Ort 30 Minuten ruhen lassen.

2 Für die Füllung die Butter zerlassen und die Gemüsewürfel darin andünsten. Mit Sherry ablöschen. Die Brühe aufgießen und das Gemüse in etwa 20 Minuten bei schwacher Hitze weich garen, dabei die Flüssigkeit einkochen. Das Gemüse mit dem Stabmixer fein pürieren, den Käse untermischen. Mit Salz, Pfeffer und Muskatnuss abschmecken und die Füllung abkühlen lassen.

3 Den Teig in 4 Stücke teilen und nacheinander zu hauchdünnen Platten ausrollen. Mit einem Teelöffel das Gemüsepüree in kleinen Häufchen mit 3 bis 4 Zentimeter Abstand auf eine Hälfte jeder Teigplatte setzen. Den Teig zwischen den Häufchen mit Eiweiß bestreichen. Die zweite Teighälfte darüber schlagen und um die Füllung herum festdrücken. Kleine viereckige oder runde Ravioli mit dem Teigrädchen ausschneiden.

4 Die Ravioli in reichlich kochendem Salzwasser 4 bis 5 Minuten garen, bis sie an die Oberfläche steigen. Mit einem Schaumlöffel aus dem Wasser heben und auf vorgewärmten Tellern servieren.

Tipp

Die Ravioli mit gebräunter Butter und frittierten Petersilienblättchen oder einem leichten Tomatensugo servieren.

Christian Henze vereint italienische und Allgäuer Elemente wie Trüffel aus dem Périgord und Allgäuer Bergkäse mit überzeugender Phantasie zu einem vollendeten Gericht.

Dass Uwe Zöllers *Leidenschaft den (nicht unbedingt süßen) Desserts gehört, lässt sich beim Anblick und Genießen der Kreation Allgäuer Vacherin mit Sellerie-Birnen und Schalottenkonfitüre erahnen.*

Genuss pur *verspricht ein Menü im Landgasthaus »Adler« in Wangen-Deuschelried.*

Allgäuer Vacherin mit Sellerie-Birnen und Schalottenkonfitüre

Für 4 Personen

- *200 ml Weißwein*
- *50 g Zucker*
- *1 Prise Salz*
- *1 TL Weißweinessig*
- *2 Birnen*
- *2 cl Williamsbrand*
- *das Grün von 1 Staudensellerie*
- *4 Stück Vacherin à 150 g, ersatzweise Münsterkäse*

Schalottenkonfitüre

- *200 ml kräftiger Rotwein*
- *50 g Zucker*
- *100 g Schalotten, gewürfelt*
- *Aceto balsamico*

1 Den Weißwein mit dem Zucker aufkochen und mit Salz und Essig würzen. Die Birnen schälen und mit den Stielen halbieren. Die Kerngehäuse entfernen und die Birnenhälften 20 Minuten im Weißweinsud dünsten. Danach vom Herd nehmen, mit dem Birnenbrand abschmecken und lauwarm abkühlen lassen. Das Selleriegrün in feine Streifen schneiden und zu den Birnen geben.

2 Den Backofen auf 100 °C vorheizen. Für die Konfitüre den Rotwein und den Zucker aufkochen und die Schalotten dazugeben. Mit 1 Spritzer Aceto balsamico abschmecken und so lange einkochen, bis der Sud dickflüssig ist. Warm stellen.

3 Den Käse in Achtel schneiden und auf das mit Backpapier ausgelegte Blech geben. Im Ofen in 3 bis 4 Minuten erwärmen.

4 Die Birnenhälften in Fächer schneiden. Den Käse aus dem Ofen nehmen und mit den Birnen auf Tellern anrichten. Den Weinfond über die Birnen gießen. Mit Selleriegrün und Schalottenkonfitüre garnieren.

Allgäuer Vacherin mit Sellerie-Birnen und Schalottenkonfitüre.

Bachsaibling mit Käsesauce und Kräutersalat

Für 4 Personen

Käsesauce

- *1 Schalotte, fein gewürfelt*
- *je 20 g Butter und Mehl*
- *1/4 l Kalbsbrühe*
- *4 EL Sahne*
- *50 g Emmentaler oder Bergkäse, fein gerieben*
- *Salz, Pfeffer aus der Mühle*

Saiblinge

- *4 küchenfertige Saiblinge*
- *8 Blätter Zitronenverbene, ersatzweise Zitronenthymian oder Zitronenmelisse*
- *Salz*
- *Mehl zum Wenden*
- *3 EL Öl*
- *30 g Butter*

Kräutersalat

- *4 EL Öl*
- *3 EL Basilikum-Essig*
- *1 Prise Zucker*
- *Salz*
- *1 kleiner geputzter Kopfsalat*
- *Blüten und Blätter von Borretsch, Gänseblümchen, Kapuzinerkresse, Bronzefenchel und Estragon*

1 Für die Käsesauce die Schalotte in der Butter glasig dünsten. Das Mehl zugeben und anschwitzen. Dann die Brühe einrühren und alles 15 Minuten leise kochen lassen. Anschließend die Sauce durch ein feines Sieb passieren. Die Sahne, dann den geriebenen Käse unter die Sauce rühren und alles mit Salz und Pfeffer abschmecken.

2 Die Saiblinge innen und außen waschen, trockentupfen und je 2 Blätter Zitronenverbene in die Bauchhöhlen legen. Die Fische salzen und in Mehl wenden. In der heißen Öl-Butter-Mischung von jeder Seite in 4 bis 5 Minuten knusprig braten.

3 Für den Kräutersalat Öl und Essig mit Zucker und Salz schaumig schlagen. Salat und Kräuter waschen und trocknen. Den Salat auf Tellern anrichten und mit den Blüten und Kräutern garnieren. Das Dressing darüber geben.

4 Käsesauce auf vorgewärmte Teller gießen und die Saiblinge darauf legen. Dazu passen hausgemachte Nudeln oder Salzkartoffeln.

Meisterkoch Ludwig Mittermeier *bietet in der »Traube« in Thalkirchdorf Allgäuer Spezialitäten wie Bachsaibling mit Käsesauce und Kräutersalat an.*

Mitten in Thalkirchdorf *steht das Schrothkur-Hotel »Traube«, ein Fachwerkgebäude aus dem 18. Jahrhundert.*

Die Allgäuer Käseroute

Routenbeschreibung

Es sind meist die kleineren Orte im Allgäu, wo man noch die handwerklichen Sennereien findet. Die kulinarische Autoroute beginnt auf der A7 in Richtung Kempten. Unweit der Raststätte »Allgäuer Tor« wird die Autobahn bei der Ausfahrt Dietmannsried verlassen.

Der Weg führt direkt nach Probstried. Hier wartet der erste kulinarische Höhepunkt: das *»Landhaus Henze«* (Donnerstag geschlossen, außer sonntags nur Abendessen, komfortable Zimmer zum Übernachten).

Die gewellte, *hügelige mit Wiesen übersäte Landschaft um Niedersonthofen ist ein typisches Merkmal für das Allgäu.*

Die Landhausküche von Patron Christian Henze wurde mit dem begehrten Stern ausgezeichnet. Der bekannte Radio- und Fernsehkoch sammelte seine Erfahrungen bei verschiedenen Starköchen. »Da habe ich viel dazugelernt«, erzählt er, und auch, dass er einst als Privatkoch mit Gunter Sachs und dessen Familie rund um die

Kurz nach Zaumberg *sollte man anhalten und den Talblick auf den Alpsee genießen.*

Welt gereist ist. »Kochen ist ein Gefühl, nichts anderes! Wenn noch Liebe und Leidenschaft dazukommen, dann wird es ein Gedicht.« Man kann es selbst nachvollziehen: wohlschmeckende Gerichte als kulinarische Gedichte.

Weiter geht es über die A7 bis zum Dreieck Allgäu und weiter in Richtung Oberstdorf. Nach Waltenhofen folgt man der Wegweisung nach Niedersonthofen am gleichnamigen See entlang. Jetzt geht es steil den Berg hinauf nach Diepolz.

In dem höchsten Dorf Deutschlands lädt die Bergkäserei zu einem Besuch ein. Aufgrund der Höhenlage über 1000 Meter ist der mildwürzige Bergkäse besonders empfehlenswert. Von Diepolz aus hat man außerdem einen sehr eindrucksvollen Panoramablick über die Oberallgäuer Alpen.

Die Fahrt geht weiter, dem Abzweig Knottenried folgend, nach Immenstadt. Die Landschaft bildet den realen Hintergrund und die Heimat von Carl Hirnbein in Peter Dörflers Allgäu-Trilogie.

Sehenswert *ist die Kirche in Thalkirchdorf.*

Kurz nach Zaumberg lohnt es sich, auf dem Parkplatz anzuhalten. Den phantastischen Talblick auf den Alpsee sollten Sie auf gar keinen Fall versäumen.
In Immenstadt geht es auf der B 308 in Richtung Oberstaufen durch das Konstanzer Tal. Nanu, fragen Sie vielleicht, wie kommt Konstanz ins Allgäu?

Ganz einfach: Ein Patrizier aus Konstanz am Bodensee, Johann Habißrütinger mit Namen, hatte den großen Hof im heutigen Dorf Konstanzer geerbt, lebte hier bis zu seinem Tod im Jahr 1599. Für die Einheimischen blieb er der »Konstanzer«. Er muss ein reicher Mann gewesen sein, hat er doch in seinem Hause mehrmals den Erzherzog von Tirol »mit seinem ganzen Comitat« zu Gast gehabt. Neben Gefolge und Dienerschaft gehörten auch an die 300 Pferde dazu. Seine Grabstätte befindet sich in Thalkirchdorf.

Allgäuer Leckerbissen. Eine Spezialität der Küche, die »Alpsee-Brachse«, sollte man unbedingt probieren.

Über Oberstaufen und Stiefenhofen führt die Route nach Grünenbach. Viele Sennereien sind in diesem Landstrich zu finden, die durch die Westallgäuer Käsestraße miteinander verbunden sind. In der Sennerei Grünenbach kann man miterleben, wie aus Rohmilch der Alp- und Bauernkäse entsteht. Jeden Freitag um 9.30 Uhr finden Führungen statt.

Tradition *hat der sonntägliche Frühschoppen in der »Traube« in Thalkirchdorf.*

Mitten in dem Dorf steht ein einmalig schöner Fachwerkbau von 1767: das anerkannte Schrothkur-Hotel *»Traube«*. Im 18. Jahrhundert war das Haus dörflicher Treffpunkt. Neben einem Krämerladen befand sich auch eine eigene Bäckerei in dem Haus.

Aufgrund der Tatsache, dass die Menschen zwischen der sonntäglichen Frühmesse und dem Hochamt kaum Zeit hatten, ihre heimatlichen Höfe zu erreichen, erhielt der damalige Wirt nach langem Zaudern des Klerus auch eine »Bierzäpfler- und Melbeerbrenner-Konzession« dazu. Heute wird die ehemalige »Tafern« bereits in der fünften Generation geführt.

Wer am Sonntag die *»Traube«* aufsucht, kann noch die alte Gemütlichkeit erleben. Dann sitzen in der Stube die Bauern beim Frühschoppen in Doppelreihen um den Wirtshaustisch. Meisterkoch Ludwig Mittermeier läuft zur Hochform auf und präsentiert perfekt seine

Östlich von Grünenbach kann man dann ein harmloses Abenteuer bestehen: eine Wanderung durch den drei Kilometer langen Eistobel. Ihr winterliches Bild gab der von der Oberen Argen gebildeten Schlucht den Namen: Dann verwandeln sich nämlich die sieben Wasserfälle in bizarre Wände aus gleißendem Eis. Gut ausgerüstet kann man dieses Naturerlebnis auch an kalten Tagen erwandern. Beeindruckend ist aber auch das sommerliche, »lebende« Wasser, wenn es sich über die Nagelfluhfelsen des Tobels stürzt – der Begriff »Tobel« stammt übrigens von »tosen«.

Von Grünenbach aus geht die Käseroute zunächst nach Röthenbach und dann über kleine Straßen nach Eglofs, Aschen, Gießen, Watt und Deuschelried. Hier folgt man der Wegweisung nach Zurwies. Auf der Höhe erwartet einen die ökologische Weichkäserei gleichen Namens. Es ist auch für Laien interessant, die Unterschiede zur Hartkäserei kennen zu lernen.

Zum Ende der Käseroute geht es zurück nach Deuschelried.

Im Landgasthof *»Adler«* hat sich Chefkoch Uwe Zöller einen Namen erkocht. Seine frischen Produkte kommen aus der Region und sein prägnanter, leichter Küchenstil ist wohltuend für Magen und Gaumen. Schnörkellos harmonisch und kreativ sind seine kulinarischen Köstlichkeiten. »Meine Liebe gehört den Desserts«, bekennt der Küchenperfektionist Uwe Zöller. Dabei müssen seine Kreationen nicht unbedingt süß sein, wie der Rezeptbeitrag beweist.

Keineswegs nur für kühne Wanderer *ist die drei Kilometer lange Schlucht, die Eistobel genannt wird, geeignet.*

Die hier vorgestellte Route ist nur ein Vorschlag unter mehreren Varianten und bietet jedem Käse- und Allgäuliebhaber die individuelle Möglichkeit, seine Lieblingssennerei zu entdecken.

Zu Fuss von Alpe zu Alpe

Tipps für Wanderer und Spaziergänger

Oberhalb des Konstanzer Tals verläuft zwischen Alpsee-Skizirkus und Hündle ein gemütlicher Wanderweg von Alpe zu Alpe in einer Höhenlage zwischen 950 und 1250 Meter, der von wanderlustigen Familien und Ausflüglern je nach Kondition auch in mehreren Etappen begangen werden kann.

Der Einstieg erfolgt von Ratholz, Konstanzer/Osterdorf, Thalkirchdorf oder Hündle zu Fuß oder ab Ratholz und Hündle mit dem Sessellift.
Folgende Alpen und Hütten laden zu einer deftigen Brotzeit ein:
Obere Kalle, Kuhschwand-Alpe, Schwändle und Hündle. Einen besonderen Abschluss bei dieser Höhenwanderung bietet die Talfahrt mit der Sommerrodelbahn.

Sennalpen um Oberstaufen

Waltner's Alpe (1115 m)
Steibis, Parkplatz Imbergbahn, Auffahrt mit Sesselbahn und Abstieg über Alpe nach Steibis.

Alpe Sonnhalde (908 m)
Ab Parkplatz Buchenegger Wasserfälle: Gehzeit etwa 45 Minuten.

Freundlicher Empfang *in Zurwies: Besuchen Sie hier unbedingt die Käserei.*

Hompessenalpe (1050 m)
Ab Kalzhofen/Oberstaufen etwa 45 Minuten.

Immenstädter Alpen

Obere Kalle (1300 m)
Vom Parkplatz Alpsee-Skizirkus: Gehzeit 1 Stunde. Von der Mittelstation Alpsee-Skizirkus: etwa 15 Minuten.

Alpe Gund (1502 m)
Ab Mittag-Schwebebahn Bergstation: etwa 2,5 Stunden.

Gunzesrieder Tal

Alpe Oberberg (1350 m)
Kurzer Abstieg von der Mittag-Schwebebahn Bergstation zur Alpe.

Mit dem Auto, zu Fuß oder auf dem Fahrrad kann man auf den Salzstraßen, -wegen und -pfaden durch das südliche Bayern Spuren, Relikte und Sehenswürdigkeiten aus einer mehr als 3000-jährigen Salz-Geschichte entdecken. Der Salinenweg führt von Berchtesgaden nach Bad Reichenhall. An der Salzach entlang über Laufen und Burghausen nach Simbach führt der Salzach-Radweg.

DIE SALZSTRASSE

HOTEL ZUM KÖNIG

Kunstvolle Gasthausaushänger *wie dieser erinnern an die Zeit, als Salz auf Salzach, Inn und Donau in speziellen Schiffen von den Salzhandelsstädten zu seinen Zielorten transportiert wurde.*

In der Südsalz-Saline *werden ausschließlich Salze hergestellt, die aus Steinsalzvorkommen stammen. 70 Prozent der Salzproduktion wird übrigens weltweit aus Steinsalz gewonnen.*

Bis ins 18. Jahrhundert war in Süddeutschland an fleischlosen Tagen neben frischem auch der gesalzene Fisch, speziell Hering, Bestandteil des Speisezettels. Dennoch war Salzfisch, anders als im Norden, keine Volksnahrung, dazu war er aufgrund der hohen Transportkosten zu teuer. Heute ist Matjes der bekannteste Salzfisch.

Schon für das frühe Mittelalter ist belegt, dass Salz sowohl zu Wasser als auch zu Lande transportiert wurde, wobei seit dem Aufstieg der konkurrierenden Salinen in Salzburg, Tirol und Oberösterreich die Reichenhaller vorwiegend auf den Landweg nach Westen und Norden angewiesen waren. Bauern brachten mit ihren Fuhrwerken das Salz auf vorgeschriebenen Strecken Etappe für Etappe an die Niederlageorte.

Im Alpenvorland, aber auch im Bayerischen und im Böhmerwald wurde das Salz auf dem Rücken von Saumtieren verfrachtet. Für große Teile der Landbevölkerung stellte der Salztransport einen wichtigen Nebenverdienst dar. Auf Salzach, Inn und Donau nahmen das Halleiner und das Berchtesgadener Salz sowie auch Salz aus Reichenhall ihren Weg. Bedeutendste Salzhandelsstädte waren Salzburg als zentraler Salzhandelsort und Burghausen als erste Niederlagestation. Von Passau aus, dem zweiten Niederlageort, erfolgte der Weitertransport einerseits über den Goldenen Steig nach Böhmen, andererseits die Donau aufwärts bis Regensburg und Donauwörth sowie auf der Vils bis nach Amberg. Diese Salzstraßen dienten nicht allein dem Transport von Waren, sondern waren gleichzeitig Verbindungslinien, die kulturellen Austausch und menschliche Kontakte förderten.

Wo jahrein, jahraus viele Fuhrleute, Maultiertreiber und Kaufleute unterwegs sind, sind schließlich auch die Gastwirte nicht weit – was einen Salzhandelsweg auch zur interessanten kulinarischen Reiseroute macht. Folgen Sie den Spuren des Salzes!

Vor über 1500 Jahren schrieb der römische Geschichtsschreiber Cassiodorus: »Der Mensch kann ohne Gold, nicht aber ohne Salz leben«, und auch heute noch gilt dies ohne Einschränkung. Salz ist eines der ältesten Mineralien, die der Mensch kennt. Nicht nur als Gewürz ist es für Mensch und Tier unentbehrlich, sondern auch als lebensnotwendiger Bestandteil der Körperflüssigkeit. Darü-

ber hinaus ist Salz wichtiger Grundstoff der Chemie und Voraussetzung für viele industrielle Verfahren: Ohne Salz würde es weder Glas noch Kunststoff geben, Salz regeneriert, konserviert, reinigt und desinfiziert.
Der früheste bekannte Salzfund (in Gebelein, südwestlich von Luxor am Westufer des Nil) stammt aus der sechsten ägyptischen Dynastie (2320 bis 2160 v. Chr.). Im zweiten Jahrtausend v. Chr. wurde in Sachsen unterirdisch Salz gewonnen. Um 1000 v. Chr. beuteten Kelten die Salzvorkommen von Hallstatt in den österreichischen Alpen aus. Kelten waren es auch, die die erste Salzförderung in England betrieben: Sie verdampften Meerwasser entlang der Ostküste – die keltische Einwanderung hatte etwa 600 v. Chr. eingesetzt. Im Südwesten Frankreichs verhilft das Salz von Salies de Béarn seit etwa 2000 Jahren dem Bayonneschinken und dem Pyrenäenkäse zu ihrem vortrefflichen Geschmack. Ebenso lange ist es her, dass Bad Nauheim eine Salzhauptstadt Mitteleuropas war. Und im Norden war Lüneburg frühzeitig wichtiger Salzlieferant für die Heringsindustrie der Ostseeländer.

Nicht nur zum Würzen diente das Salz, sondern vor allem auch zum Haltbarmachen von Fisch und Fleisch, Butter und Käse. Entsprechend riesige Mengen des weißen Goldes wurden also zu allen Zeiten benötigt, wegen des Aufschwungs der Hochseefischerei besonders seit dem 15. Jahrhundert.
Weil viele der Techniken zur Salzgewinnung schon immer reichlich Energie benötigten, begannen die Menschen bereits sehr früh, die Wälder der Erde abzuholzen.
Folgende Verfahren zur Gewinnung wurden hauptsächlich angewendet: Die Verbrennung salzhaltiger Pflanzen oder von Torf, aus deren Asche dann in Wasser das Salz gelöst und anschließend durch Verdampfen gewonnen wurde; das Einsammeln natürlicher Meersalzablagerungen entlang der Küsten in heißen Zonen; die Nutzung salziger Quellen und Geysire; der Trockenabbau in Salzbergwerken oder das Auswaschen mit Wasser, das dann verdampft wurde und die Salzkristalle hinterließ; und schließlich das Auslaugen salzhaltigen Sandes, durch den Wasser geleitet wurde.

Bad Reichenhaller Speisesalz *ist ein Produkt der Südsalz-Saline. Es handelt sich dabei um ein Siedesalz, das durch komplizierte technische Verfahren aus Sole hergestellt wird. Nachdem die Sole verdampft worden ist, werden die Siedesalzprodukte getrocknet und in verschiedenen Körnungen klassiert. Dabei werden dann auch Zusatzstoffe wie Jodat und/oder Fluorid zugesetzt.*

Passau *galt zur Zeit des Salzhandels als zweiter Niederlageort. Von hier aus wurde das Salz aus den Salinen Hallein, Berchtesgaden und Reichenhall über den Goldenen Steig nach Böhmen und die Donau aufwärts bis nach Regensburg und zu anderen Orten transportiert.*

Dieses historische Gemälde *zeigt die Arbeit in der Saline Schönebeck an der Elbe. Anfang des 18. Jahrhunderts nahm die Saline mit acht Doppelpfannen ihren Betrieb auf.*

Salz *hatte nicht nur eine hohe wirtschaftliche Bedeutung für die Städte entlang der Salzstraße, sondern hat eine lebenswichtige Funktion – ohne Salz ist kein Leben möglich. Salz steht bei der Sonnwendfeier in Burghausen deshalb zu Recht immer wieder im Mittelpunkt.*

Im Hallstätter Museum *kann man diesen Tragsack aus Rindsfell, der durch Holzleisten versteift und mit einem Holzknüppel versehen ist, betrachten. Der Tragsack wurde im Salzbergwerk Hallstatt gefunden.*

Da Salz so wichtig war, brachten es die Mächtigen bald unter ihre Kontrolle. Monopole – mit entsprechend hohem Verdienst für die Inhaber – waren die Folge, Zwänge für »Untertanen«, das Salz des Monopolherren nun auch gehörig zu kaufen, und Salzsteuern, die früher viel höher waren, als sie es heute sind, und deshalb zu einigen Revolten führten.
Etwa vom 9. bis zum 12. Jahrhundert waren viele Klöster Herren regionaler Salzmonopole. In Russland konnte noch im 14. Jahrhundert das neu gegründete Kloster in Zagorsk fast allein Moskau und Zentralrussland mit Salz beliefern, gestützt auf die Salzgruben von Solikamsk.
Im Westen Europas gingen diese Kirchenpfründe wesentlich früher auf den Adel über, ob Herrscher oder Lehensadel, aber auch auf Städte, die mächtig genug waren, und dann wieder – besonders in Frankreich – auf den Staat, der nach Belieben Steuern und Zölle festsetzen konnte. An der Rhône gab es allein zwischen Aigues-Mortes und Lyon 56 Zollstationen!
Vom 13. Jahrhundert an wurde diese Einnahmequelle für die großen und kleinen Staaten immer interessanter, denn ein grenzüberschreitender Salzhandel entwickelte sich. Und: neuer Handel, neue Strafen. In Frankreich beispielsweise wurde, wer sich zu entziehen suchte oder gegen das Monopol verstieß, als Verbrecher verfolgt.

Während der Regierungszeit Ludwigs XVI. befanden sich unter den 1800 Sträflingen, die wegen angeblicher Salzfälschungen verurteilt waren, Dutzende von Kindern zwischen zwölf und fünfzehn Jahren, wobei die Behörden damals unter »Fälschung« alles verstanden, was nicht dem königlichen Monopol entstammte.
Die Salzsteuer (»gabelle«) wurde 1790 abgeschafft, aber schon 1804 führte Napoleon eine neue Salzsteuer ein: 2 Centimes auf jedes Kilogramm Salz. Sie galt noch bis 1945. Wie sehr das Salzmonopol von Machthabern ausgenutzt wurde, verdeutlicht auch das folgende Beispiel: England belegte das Salz in Indien mit einer Steuer von 2 800 Prozent. Zwangsläufig führte das zu einem Salzmangel im Volk, verbunden mit drastischen Gesundheitsschäden. Salz war zwar in ausgetrockneten Seen und an den Küsten leicht zugänglich, doch es wurde streng darauf geachtet, dass sich niemand bediente. Eines Tages kündigte Gandhi an, dass er am Meer Salzkristalle aufsammeln werde, und forderte alle Inder auf, es ebenfalls zu tun. 50 000 Inder holten bei Karatschi Salz von der Küste, und die Läden verkauften Salz ohne den Steueraufschlag. Die Regierung reagierte mit einer Welle von Verhaftungen und Misshandlungen – Gandhi und weitere 60 000 Inder wurden verhaftet. Die Weltöffentlichkeit empörte sich, nach einem Jahr wurde Gandhi aus der Haft entlassen und der Salzhandel endlich freigegeben. Das war im Jahre 1931.

Die Landschaft, *durch die der »Goldene Steig« führt – früher der verkehrsreichste Saumhandelsweg zwischen Bayern und Böhmen.*

Salz in reiner Form kommt in den Alpen so gut wie nicht vor. Es tritt zusammen mit Mineralien wie Ton, Kalk, Gips und Polyhalit auf. Das alpine Mischgebirge nennt man »Haselgebirge« (von »hals« oder »huls« = Salz). Es entstand vor 60 Millionen Jahren durch eine Auffaltung der Erdkruste zu den Alpen. Die Mächtigkeit der Salzlagerstätte von Berchtesgaden beträgt etwa 600 Meter. Und der Berchtesgadener Salzberg besteht zu etwa 50 Prozent aus Salz. Deshalb ist das »nasse« Abbauverfahren notwendig: Das Salz wird mit Süßwasser aus dem Gestein gelöst und dann aus der so entstandenen Sole gewonnen. In Bad Reichenhall tritt natürliche Sole in Quellen und Bohrungen zutage. Sie kommt aus bedeutenden Vorkommen in der Tiefe des Reichenhaller Beckens, wo sich die Sole als Grundwasser langsam durch die Klüfte und Spalten des »Reichenhaller Kalks« bewegt.

Wahrscheinlich wurden die Salzquellen Reichenhalls schon in der Bronzezeit genutzt. Die älteste schriftliche Erwähnung der Salzgewinnung stammt aus der Zeit des Agilolfingerherzogs Theodo II. um die Wende vom siebten zum achten Jahrhundert. Mehrere neue und bedeutende Klöster Bayerns erhielten Anteile an der Saline.
Seit dem 11. Jahrhundert liegt eine fundiertere urkundliche Überlieferung über das Reichenhaller Salzwesen vor. Wegen der wirtschaftlichen Bedeutung Reichenhalls entstand dort ab Mitte des 12. Jahrhunderts ein städtisches Gemeinwesen.
Die Siedeherren, die Inhaber der Salzpfannen, waren Patrizier der Stadt. Um die Wende vom 15. zum 16. Jahrhundert herum kauften die bayerischen Herzöge die Salinen in Reichenhall nach und nach auf.
Schon im frühen Mittelalter wurde die Sole der Quellen in Sudpfannen verdampft (versotten). Dieses Verfahren wurde noch bis 1974 angewendet, zuletzt allerdings nur noch zur Gewinnung von grobkörnigem Brezelsalz. Die Quellsole wurde im Mittelalter durch Ziehbrunnen gewonnen und von den »Vahern«, den Brunnenknechten, in Eimern zu den Sudpfannen gebracht. Seit dem 14. Jahrhundert versorgte ein Röhrensystem die Sudhäuser mit Sole.

Die Fassaden der Patrizierhäuser *in der Altstadt von Burghausen erinnern an den Reichtum, den das Salz der Stadt brachte.*

Die Salinen bedeuteten Broterwerb für viele: Im 18. Jahrhundert arbeiteten in einer bayerischen Saline etwa 150 Salinenarbeiter und -arbeiterinnen, die auch als »Salzärztleut« bezeichnet wurden. Berufsbezeichnungen, die heute ausgestorben sind, waren damals alltäglich: Salzfuderträger oder Nachtdirnen trugen die Salzfuder vom Sudhaus in die Pfieselhäuser zum Trocknen; Schargenleute besorgten die Wartung und die Reparaturen der Sudpfannen; Fassmacher und Küfer fertigten die Salzfässer und -scheiben an; Stoßleute oder Werkleute zerkleinerten das Salz und stießen es dann in die Fässer ein; Pfieseldirnen schleppten das Salz von

Das Bad Reichenhaller *Salzmuseum befindet sich in der Alten Saline, die als das bedeutendste Industriedenkmal Bayerns gilt. Dort kann der Besucher eindrucksvoll den Ursprung der Salzgewinnung in Bad Reichenhall erleben. Vor allem auch technische Neuerungen der alten Zeit wie den Bau der Soleleitung nach Traunstein – der ersten Pipeline der Welt.*

Da Salz Wasser anzieht, klebte es in früheren Zeiten beim Transport zusammen, so dass es für den Gebrauch erneut zerkleinert werden musste. Dazu wurde ein Mörser oder eine Salzmühle verwendet. Pulverisiertes, rieselfähiges Salz kam erst in der Mitte des 19. Jahrhunderts auf den Markt.

Das Dreiflüsse-Eck *in Passau: Hier fließen Inn und Ilz in die Donau.*

Die Salzachbrücke *in Oberndorf zählt zu den schönsten Brückenbauten Österreichs, die um die Jahrhundertwende entstanden. Über sie gelangt man in das heute bayerische Laufen.*

Um Bad Reichenhall *eröffnet sich ein beeindruckendes Alpenpanorama.*

Städte wie Reichenhall, Berchtesgaden und Traunstein verdankten dem Salz ihren wirtschaftlichen Aufschwung.

den Trockenhäusern zur Stoßstatt, und Salzaufleger beluden die Wagen der Fuhrleute mit den Salzfässern. Die zahlenmäßig stärkste Gruppe unter den Salzärztleuten waren die Pfannenhauser, die an den Sudpfannen in den dampfig-heißen Sudhäusern arbeiteten. Die Salinenarbeiter waren lose in Salzzünften oder -bruderschaften zusammengeschlossen.

Kontrolliert wurde das gesamte Wirtschaftsunternehmen Saline vom Salzmaier, ihn unterstützten einige Beamte und Salzoffiziere, wie Kastner, Kassier, Waldmeister, Fuder- und Pfieselschreiber. 1745 wurde zum ersten Mal durch ein Gradierwerk aus Dornenbüschen der Sättigungsgrad der Sole gesteigert. Man leitete die Sole über das Geäst der Büsche, Sonne und Wind ließen Wasser verdunsten und die Sole wurde so 18- bis 19-prozentig. Geheizt wurden die Sudpfannen mit Holz aus den Wäldern des Saalachtals. Als dieses Holz knapp wurde, baute 1617 der herzogliche Hofbaumeister Hans Reiffenstuel eine 31 Kilometer lange Soleleitung aus Holzrohren nach Traunstein, wo man eine neue Saline errichtet hatte, weil es dort noch genügend Holz gab. Doch es kam, wie es kommen musste: Nach 200 Jahren war auch hier alles abgeholzt. Also verlängerte man die Soleleitung kurzerhand bis Rosenheim. Im Rosenheimer Land stand nämlich außer Holz auch Torf in Hülle und Fülle als Brennstoff für die Sudpfannen zur Verfügung. Mit einer Solehebemaschine wurde nun die Sole von Reichenhall 81 Kilometer weit nach Rosenheim gepumpt. Nachdem 1925 in Reichenhall moderne Verdampferanlagen installiert worden waren, legte man die Salinen in Traunstein und Rosenheim still.

Neben der Saline war das Badewesen bestimmend für die Entwicklung von »Bad« Reichenhall, wie sich die Stadt seit 1890 nennen darf. Medizinische Anwendungen wie Solebäder und Inhalationen machten den Kurort weltweit bekannt. Das ehemalige Gradierfeld wurde zum Kurgarten umgestaltet, und bis 1914 entstand ein von Kurbä-

dern, Villen und Hotels gekennzeichneter Stadtteil, der noch heute als eigentlicher Mittelpunkt des Ortes gilt. Die Salzlager um Berchtesgaden wurden viel später als die Reichenhaller Solequellen entdeckt und erschlossen, nämlich erst im 12. Jahrhundert.
Über 300 Jahre lang wurde das Salzgestein auf Wagen von Berchtesgaden nach Salzburg und Reichenhall transportiert. Das brachte 1559 Probst Wolfgang II. auf die Idee, eine Soleleitung von Berchtesgaden nach Reichenhall zu legen. Dieser Einfall wurde jedoch erst 1815 realisiert. Seit 1962 bringt die neue Soleleitung über den Hallthurmpass die Sole nach Bad Reichenhall, in das Zentrum der Salzerzeugung.

Salz war sehr begehrt, musste weit transportiert werden und war deshalb teuer. Darum hat es viele reich gemacht: die, die es gewannen, die, die damit handelten, die, die es besteuerten, aber auch diejenigen, die es schmuggelten. Das geschmuggelte Salz wurde oft in Lebensmitteln versteckt, beispielsweise in Butterklumpen oder Broten, die dann zu knapp zwei Dritteln aus Salz bestanden.
Die Wege des Salzes aus Reichenhall führten stets nach Norden. Mit der Ausdehnung Bayerns ab dem 6. Jahrhundert bis nach Böhmen und Österreich, vom 10. bis 12. Jahrhundert sogar bis nach Russland. Nach der Errichtung neuer Salinen im österreichischen Aussee, in Hallein, Hall in Tirol und Berchtesgaden wurde der Wettbewerb schärfer. Reichenhall versorgte Altbayern, Schwaben, die Gegend am Oberrhein und das südliche Franken.
Mitte des 16. Jahrhunderts schloss Bayern mit Berchtesgaden, Ende des 16. Jahrhunderts auch mit Salzburg, Verträge, die den bayerischen Staat verpflichteten, den größten Teil der Salzproduktion der Salinen Hallein und Berchtesgaden abzunehmen und auf eigenes Risiko zu vertreiben. Der Vertrieb ging nun auch nach Württemberg und in die Schweiz.

Im frühen Mittelalter erreichte das Salz über die römischen Straßen und in Schiffen auf der Salzach seine Abnehmer. Allmählich kamen neue Wege dazu, und die Gemeinden an den Salzstraßen blühten auf. Berühmtes Beispiel dafür ist München: Eine Salzstraße führte bis zum 12. Jahrhundert über die Isarbrücke nach Oberföhring. Diese Brücke gehörte dem Bischof von Freising und brachte ihm die Salzmaut in den Säckel. Dies wiederum ärgerte Heinrich den Löwen. Er ließ 1156 die Brücke abbrennen und einige Kilometer südlich »Bei den Mönichen« eine neue errichten, und dort entstand bald eine Ansiedlung – München.
Durch Salzhandel und Salztransport kamen neue Berufe auf: Säumer, die die beladenen Pferde führten, Fuhrleute, Stößer und Zwicker (sie zerkleinerten die zentnerschweren »Krötel« aus Salz), beamtete Salzmesser und Überreiter, die berittene Polizei auf den Salzstraßen.

Im Kurpark von Bad Reichenhall *sind imposante Bauwerke wie dieser Brunnen zu besichtigen.*

Täglich *erinnert der Tanz der Schäffler, also der Fassmacher, beim Glockenspiel im Münchner Rathausturm an die Salzzeit Münchens.*

In Bad Reichenhall *laden Werbeschilder zu den Solequellen ein.*

Der Transport des Salzes auf Flüssen und Straßen ließ neue Gemeinden und Städte entstehen. Berühmtes Beispiel dafür ist München.

Von Richard Kerscher *stammt das Rezept Gefülltes Huchenfilet in Reiberdatschi gebacken auf zweierlei Saucen, das er im Restaurant »Zur blauen Donau« kocht.*

Gefülltes Huchenfilet in Reiberdatschi gebacken auf zweierlei Saucen.

Gefülltes Huchenfilet in Reiberdatschi gebacken auf zweierlei Saucen

Für 4 Personen

Farce
- *120 g eiskalte Abschnitte von Huchen und Saibling*
- *Salz*
- *80 g eiskalte Sahne*
- *1 Ei*

Kartoffelmasse
- *100 g rohe, mehlig kochende Kartoffeln*
- *1 Ei*
- *Salz, schwarzer Pfeffer aus der Mühle*
- *1 Prise frisch geriebene Muskatnuss*
- *Zitronensaft nach Geschmack*

Saucen
- *je 1 rote und gelbe Paprikaschote, in kleine Stücke geschnitten*
- *200 ml Fischfond*
- *200 g Sahne*
- *Salz, weißer Pfeffer aus der Mühle*
- *100 ml Weißwein*
- *1 TL Speisestärke*

Huchen
- *400 g Huchenfilet, ersatzweise Zander, in 8 gleich großen Scheiben*
- *2 EL gehackte Petersilie, Dill und Basilikum nach Wunsch*
- *150 g Saiblingsfilet, in 8 Stücke geschnitten*
- *Mehl zum Wenden*
- *Öl zum Braten*

1 Für die Farce die Fischabschnitte im Blitzhacker oder Mixer fein zerkleinern und leicht salzen. Die Sahne und das Ei zugeben und alles weitermixen, bis die Masse bindet. Mit Salz abschmecken.

2 Für die Kartoffelmasse die Kartoffeln schälen und reiben und in einem Haarsieb ausdrücken. Die Kartoffeln mit dem Ei und 1/3 der Fischfarce verrühren. Mit Salz, Pfeffer, Muskatnuss und Zitronensaft abschmecken.

3 Für die Saucen die rote und die gelbe Paprikaschote getrennt mit je 100 Milliliter Fischfond und 100 Gramm Sahne in etwa 15 Minuten weich kochen. Beide Saucen mit Salz und Pfeffer abschmecken. Im Mixer fein zerkleinern und durch ein Haarsieb passieren. Wieder in die Töpfe geben und etwas einkochen lassen. Jede Sauce nach Wunsch der Konsistenz entweder mit Weißwein verdünnen oder mit in Weißwein aufgelöster Speisestärke andicken. Die Saucen warm stellen.

4 Für die Huchen den Backofen auf 160 °C vorheizen. Die Huchenscheiben leicht flach klopfen und mit der restlichen Farce bestreichen. Die Kräuter darauf verteilen. Die Saiblingsstücke darauf legen und die Portionen mit den übrigen Filets bedecken.

5 Die gefüllten Huchen leicht in Mehl wenden. In die Hälfte der Kartoffelmasse setzen und andrücken. Das Öl erhitzen und die Huchen mit den Kartoffelseiten nach unten darin anbraten. Dabei die Oberflächen mit der restlichen Kartoffelmasse bedecken. Die Huchen wenden und für 8 Minuten in den Ofen geben.

6 Zum Servieren die rote und die gelbe Sauce auf Teller geben, so dass sie dekorativ ineinander fließen. Darauf die gefüllten Huchen setzen. Dazu passt Lauch-, Spinat- oder Mangoldgemüse.

Eine Komposition *von dreierlei Forellen mit einer Kartoffel-Gurken-Joghurtsauce kredenzt Leopold Schuster im Gasthof »Schuster« in Freyung.*

Bratforellen von dreierlei Filets mit Kartoffel-Gurken-Joghurtsauce

Für 8 Personen

Marinade
- *100 ml Weinessig*
- *1 TL Salz*
- *2 EL Zucker*
- *8–10 schwarze Pfefferkörner*
- *8 Wacholderbeeren*
- *3 Gewürznelken*
- *2 Lorbeerblätter*
- *1 kleine getrocknete Chilischote*
- *1/4 TL Senfkörner*
- *1 Zwiebel, in kleine Würfel geschnitten*
- *je 50 g Karotten, Sellerie und Lauch, in kleine Würfel geschnitten*

Bratforellen
- *je 400 g Lachs-, Bach- und Seeforelle*
- *Salz, weißer Pfeffer aus der Mühle*
- *Mehl zum Wenden, Öl zum Braten*

Kartoffel-Gurken-Joghurtsauce
- *2 mittelgroße Kartoffeln, geschält*
- *200 g Gurke, geschält und geraspelt*
- *200 g Joghurt, 2 EL gehackte Kräuter*
- *Essig nach Geschmack*
- *Salz, Pfeffer*

1 Für die Marinade alle Zutaten mit 1 1/2 Liter Wasser in einem Topf aufkochen und vom Herd nehmen.

2 Für die Bratforellen die Fische filetieren und die restlichen Gräten mit der Pinzette aus den Filets entfernen. Jedes Filet in 8 Stücke schneiden und mit Salz und Pfeffer würzen. Die Filetstücke in Mehl wenden und in heißem Öl knusprig braten. Danach die fertigen Filets in die noch heiße Marinade geben und darin abkühlen lassen.

3 Für die Sauce die Kartoffeln in Salzwasser garen. Abgießen und durch ein feines Sieb passieren. Die Gurkenraspel zu den noch warmen Kartoffeln geben. Alles mit dem Joghurt und den Kräutern verrühren und mit Essig, Salz und Pfeffer abschmecken.

4 Zum Anrichten die Sauce auf Teller verteilen und die marinierten gebratenen Forellenfilets darauf setzen.

Das ausgewählte Sortiment *an selbst gebrannten Schnäpsen rundet jedes Menü nach dem Essen im Gasthof »Schuster« ab.*

Einladend *Der richtige Rahmen für bayerische und Innviertler Schmankerl.*

SCHWEINELENDE »BURGFRAUEN ART«

Für 6 Personen

- *1 kg Schweinelende am Stück*
- *50 g Blattspinat*
- *100 g Champignons*
- *etwas Wasser*
- *etwas Weißwein*
- *400 g Kalbsbrät*
- *50 g Schinken, gewürfelt*
- *1 Bd. Schnittlauch*
- *Salz, Pfeffer aus der Mühle*
- *etwas Butter, Mehl, Semmelbrösel*
- *2 Eier*
- *50 g Butter*
- *100 ml Bratenfond*

1 Die Schweinelende in dünne Scheiben schneiden, aber nicht ganz durchtrennen. Die Lende soll auf der Unterseite noch ca. 1 cm zusammenhängen.

2 Blattspinat blanchieren und hacken. Die Champignonköpfe in Wasser und etwas Weißwein gar kochen und hacken. Das Kalbsbrät mit dem Spinat, den Champignons, den Schinkenwürfeln und einem Teil des geschnittenen Schnittlauchs vermengen.

3 Die Lende mit Salz und Pfeffer würzen und das Brät auf die Lendenscheiben streichen, sodass die Zwischenräume zwischen den Fleischstücken mit Brät von oben bis unten gleichmäßig ausgefüllt sind. Das restliche Brät obendrauf geben und das ganze Fleischstück zu einem gleichmäßigen Laib formen.

4 Eine Bratform mit etwas Butter ausstreichen und das Fleisch hineinlegen. Mehl auf den Laib streuen und leicht festklopfen. Die Eier verrühren und als natürliche Klebemasse gleichmäßig über das Fleisch verteilen. Semmelbrösel und den restlichen Schnittlauch darüber streuen und andrücken. Die Butter in Scheiben schneiden und ebenfalls auf dem Laib verteilen. Die Lende in den auf 200 °C vorgeheizten Backofen schieben und ca. 20 Minuten braten, bis die Kruste schön braun ist, dann die Temperatur auf 120 °C herunterschalten und das Fleisch noch ca. 30 Minuten durchziehen lassen. Die Lende aus der Bratform heben und warm stellen.

Schweinelende »Burgfrauen Art«

5 Die Form auf die leicht erhitzte Ofenplatte stellen, den Bratfond aufgießen und einkochen lassen. Anschließend die Sauce abseihen und in einem Gefäß auffangen.

Den Laib schräg anschneiden, dadurch wird der Fächer im Schnittbild wieder sichtbar. Dazu passen frisches Gemüse und Butterkartoffeln mit Bärlauch oder Schnittlauch.

Hans Hinterecker *ist Lokalpatriot und verarbeitet nur Zutaten, die von Menschen kommen, die er persönlich kennt. Typisch dafür sind seine Teigfleckerl mit Reherl (Pfifferlingen).*

Teigfleckerl mit Reherl und Zucchini vom Rohr

Für 4 Personen

- *600 g Reherl (Pfifferlinge)*
- *geschnittene Zucchini*
- *2 EL geklärte Butter*
- *2 Schalotten*
- *1 fein geriebene Knoblauchzehe*
- *300 ml Sahne*
- *100 ml Geflügelfond*
- *2 EL gehackte Basilikumblätter*
- *Salz, weißer Pfeffer aus der Mühle*
- *16 Nudelteigblätter, 13 x 10 cm*
- *frisch geriebener Parmesan*

1 Butter in einem Topf erhitzen und die in feine Würfel geschnittenen Schalotten darin goldgelb anschwitzen, die geputzten, halbierten Reherl und Zucchini dazugeben und noch kurz anbraten. Mit dem Geflügelfond und der Sahne aufgießen und ca. 10 Minuten einkochen lassen. Zum Schluss das Basilikum hinzugeben und mit Salz und weißem Pfeffer würzen.

2 Die gekochten Nudelteigblätter schichtweise mit den Reherl und Zucchini auf 4 Teller verteilen, mit frisch geriebenem Parmesan bestreuen und im vorgeheizten Backofen bei ca. 220 °C überbacken.

Die Poststube des Hotel-Gasthofs »Zur Post« ist eine urgemütliche Anlaufstelle für Gourmets und solche, die es werden wollen.

Teigfleckerl mit Reherl und Zucchini vom Rohr.

Die Salzstrasse

Routenbeschreibung

Die hier beschriebene Strecke folgt den Spuren des Salzes von der Saline Bad Reichenhall entlang der alten Transportroute über Salzach und Inn nach **Passau** und über den »Goldenen Steig« bis zur böhmischen Grenze.

Sole gewinnen, Sieden, Trocknen, Verpacken – die vier Schritte der Salzerzeugung können im Bad Reichenhaller Salzmuseum in der Alten Saline nachvollzogen werden. Hier schlägt auch das salzige Herz der Stadt. Seit 1796 fördert eine Pumpe die Sole aus den Tiefen des Gesteins. Auf dem Pumpenschlegel ist, in ein Herz geschrieben, die alte Aufschrift »Reich an Hall« (Salz) zu lesen.

Riesige Solepumpmaschinen, die bereits seit 1840 unermüdlich ihren Dienst tun, fördern das salzhaltige Wasser nach oben, wo heute die Großsaline mit modernsten Methoden und fortschrittlicher Technik jährlich mehr als 600 000 Tonnen Siedesalz in über 100 Sorten gewinnt.

Das Salzmuseum *in Bad Reichenhall ist in der Alten Saline untergebracht. Dort erfährt man alles über Salz – seine Geschichte, seine wirtschaftliche Bedeutung und seine Produktion.*

Das *»Hotel Post«* war schon im 16. Jahrhundert ein Wirtshaus und hat bewegende Zeiten im Laufe der Geschichte erlebt. Das Haus mit reicher Lüftl-Malerei ist das Herzstück der *»Altstadthotels«* von Hans Mitterer. Zum gastronomischen Imperium gehören noch das *»Gartenhotel Salzach«* und das 4-Sterne-Hotel *»Burgblick«*. Die Altstadthotels sind etwas für Romantiker.

Reichenhaller Salz wurde von 900 bis 1270 auf der Saalach und der Salzach verschifft. Danach wurde es wegen der »wilden Saalach« auf Fuhrwerken nach Laufen gebracht, um von dort auf Salzschiffen nach Passau transportiert zu werden.

Der Salzstraße folgt man ab **Bad Reichenhall** auf der B 20 zunächst nach **Laufen**. Im 11. und 12. Jahrhundert war diese Stadt wirtschaftlich wohl noch bedeutender als Salzburg. Es gab sogar eine eigene Münzstätte, in der die »Laufener Pfennige« geprägt wurden. Die Salzschifferei hatte den Ort und seine Bürger wohlhabend gemacht. Das Niederlage- und Umschlagrecht für Salz aus Reichenhall und Hallein und die Regelung der Salztransporte auf der Salzach war in den Händen des Laufener Patriziats. Ihr historisches Erscheinungsbild hat sich die Stadt bis heute bewahrt.

Der B 20 folgend erreicht man **Burghausen** mit seiner malerischen Altstadt und der längsten Burg Europas. Täglich bis zu fünf große Schiffe, jedes beladen mit 14,5 Tonnen Salz, machten in den großen Zeiten des 15. und 16. Jahrhunderts an der Lände von Burghausen fest. Damals war die Stadt bayerische Grenzfestung und Zollstation. Kaiser Ludwig der Bayer hatte Burghausen zu einer Handelsdrehscheibe für Salz gemacht. Halleiner Salz musste bis hierher verschifft werden, bevor es »auf der Achse« weiterbefördert werden durfte. Das brachte Geld in die Stadt.

Dieser damalige Wohlstand lässt sich heute noch an vielen reich geschmückten Bürgerhäusern erkennen. Im Mautnerschloss wurde von den »Mautnern von Katzenberg« der Zoll erhoben. Dadurch wurden sie so reich, dass sie sogar dem Kaiser Geld leihen konnten.

Bei **Marktl** erfolgt ein Wechsel von der B 20 auf die B 12, der man entlang des Inns bis **Passau** folgt. Beim Abzweig nach **Stubenberg** prunkt der *»Gasthof Zur Post«*, die ehemalige Poststation von Prienbach. Die Landhausküche mit regionaltypischem Einschlag trägt untrügerisch die Handschrift von Hans Hinterecker. Die feinschmeckenden Kenner der Gaumenfreuden treffen sich in der bayerischen Gaststube, der urgemütlichen Poststube oder im traditionellen Biergarten unter alten Kastanienbäumen. Schön, wenn dann in dem gastlichen Haus noch eines der schönen Landhauszimmer frei ist. Die günstige Lage an Inn, Donau und Ilz verlieh der Dreiflüssestadt Passau eine fast monopolartige Stellung für den Handel mit Salz, das auf Salzach und Inn zur Donau gelangte und von Passau aus auf dem Wasserweg stromaufwärts bis Regensburg, stromabwärts bis Wien transportiert wurde.

Die Salzhändler bezogen das Salz zuerst aus Reichenhall, wo das Hochstift Passau Salinenanteile besaß und seit dem 13. Jahrhundert aus Hallein, das fast die Hälfte seiner Produktionsmenge nach Passau lieferte. Am Salzhandel verdienten die Bürger wie ihr bischöflicher Stadtherr. Die Salzmaut an Inn und Donau war eine wesentliche Einnahmequelle der Fürstbischöfe sowie des Frauenklosters Niedernburg in Ilzstadt. Dies hatte das Recht, die Böhmische Maut zu kassieren. Die Hälfte des umgeschlagenen Salzes ging nach Böhmen.

Die Salzschiffe legten in Passau am linken Innufer hinter dem Schaiblingsturm an. Dort musste das Salz in den Salzstadel eingelagert werden. Die Landtransporteure, »Säumer« genannt, mussten das Salz von den Salzherren kaufen und ließen es von den Ilzer Förgen in Schiffen über die Donau in das gegenüberliegende Ilzstadt bringen, um es dort zum Weitertransport über Land auf die Rösser umzuladen.

Ein Bummel durch die Altstadt lässt mit etwas Phantasie das rege Treiben in der damaligen Zeit wieder lebendig werden. Unweit der Stelle, wo die großen Kreuzfahrtschiffe anlegen, kann man sich im Restaurant *»Zur blauen Donau«* von einem Stadtbummel erholen. Chefkoch Richard Kerscher überrascht seine Gäste mit regionalen Spezialitäten, denen er einen besonderen kulinarischen Pfiff verleiht. Seine Zutaten liefern die Flüsse in Sichtweite, das Land um Passau und der Bayerische Wald.

In Ilzstadt gab es im 16. Jahrhundert 23 Wirtshäuser für die Säumer, die dort auch ihre Rösser einstellen konnten. Von hier aus ging es in zweieinhalb Tagesetappen weiter über den Goldenen Steig nach Prachatitz in Böhmen. Jedes Saumross trug eine Last von rund drei Zentnern. Links und rechts je eine »Salzkufe«, wie das Transportbehältnis genannt wurde, und obenauf wurde dann noch ein Sack mit Salz zum Nachfüllen der Kufen gepackt. Die meisten Säumer waren Bauern aus der Gegend, die sich so ein Zubrot verdienten. Gesäumt wurde während des ganzen Jahres, vor allem aber nach der Erntearbeit, also im Spätherbst und Winter, wenn die Wege fest gefroren waren und genügend Korn als Gegenladung zu bekommen war.

Über Burghausen *wacht die längste Burg Europas. Die Außenanlagen sind das ganze Jahr über zugänglich.*

Der Goldene Steig folgt einem alten Weg »übern Wald«. »Golden« nannte man den Saumweg übrigens wegen des blühenden und gewinnbringenden Handelsverkehrs, wobei Golden von Gulden, dem Zahlungsmittel, abgeleitet wurde.

Von Ilzstadt gelangt man auf der B12 nach Salzweg. Weiter geht es in abwechslungsreicher Fahrt auf der Trasse des Goldenen Steigs über Büchlberg nach Waldkirchen. Hier nächtigten die Säumer nach einem Tagesmarsch in einem der 28 Wirtshäuser und versorgten ihre Pferde. Wegen seiner Bedeutung als Marktplatz im Passauer Abteiland ist der Ort mit einer starken, zehntürmigen Ringmauer befestigt worden.

Der Waldkirchner Markt war auch das Ziel riesiger ungarischer Ochsenherden, die als Schlachtvieh hierher getrieben wurden. Die Garnmärkte waren von großer Bedeutung für Flachsanbau und Leinenweberei.

Böhmzwiesel, Fürholz und Grainet sind die nächsten Orte am Weg des Salzes, bevor Freyung erreicht wird. Dieser Ort verdankt seinen Namen der Tatsache, dass Siedler, die sich in den Waldregionen des Bayerischen Waldes niederließen, um zu roden und Landwirtschaft zu betreiben, von den Passauer Fürstbischöfen mit einer mehrjährigen Steuerbe»freiung« belohnt wurden.

Steuerbefreiung kann Chefkoch Leopold Schuster vom Landgasthaus *»Schuster«* nicht bieten, dafür aber eine exzellente Landhausküche. Erstaunlich, mit welcher Kreativität er Bodenständigem zu neuer Attraktivität verhilft.

Auf der B 12 führt die Salzstraße nun auf einer Nebenlinie des Goldenen Steigs nach Philippsreut. Von dort folgt man dem Abzweig nach Bischofsreut, wo man wieder auf den ursprünglichen Salzweg stößt. Jetzt ist die böhmische Grenze schon in Sichtweite!

Wandervorschläge

Teilabschnitt »Goldener Steig«

Routenführung: Röhrnbach, Waldkirchen, Grainet, Bischofsreut (Länge ca. 20 Kilometer). Der Weg ist durch das Symbol Salzsäumer (gelbes Schild) gekennzeichnet.

Der zu erwartende Teilabschnitt beginnt in Röhrnbach/Kalteneck. Ausgangspunkt ist der eindrucksvolle Burgturm von Kaltenstein. Ein gut gekennzeichneter Weg führt von dort über sanfte Hügel und Täler zum Dorf Hauzenberg. Hier zeigt der Wegweiser nach links in das liebliche Osterbachtal. Bald schon taucht die alte Stelzermühle auf, und nun ist es nicht mehr weit zur Ortschaft Wotzmannsreut. Immer wieder eröffnen sich einzigartige Ausblicke in eine reizvolle Bayerwaldlandschaft. Am Bahnübergang weist die Markierung nach rechts. Talwärts und anschließend wieder bergauf wird Höhenberg erreicht. Der nun folgende Zwischenabschnitt bis Böhmzwiesel ist auf einer wenig befahrenen Straße zurückzulegen. Über die Siedlung Am Goldenen Steig kommt man hier wieder auf den ursprünglichen Salzhandelsweg, der in herrlicher Landschaft weiter über den Kanauer-Berg, Fürholz, Grainet, Haidel (1102 Meter) nach Bischofsreut verläuft.

Wanderwege ab Waldkirchen

Kanalweg (6 Kilometer Rundweg, ca. 1,5 Stunden). Ausgangspunkt: Tourismusbüro/Post Waldkirchen
Ein leicht begehbarer Rundweg in traumhaft schöner Landschaft. Dieser Weg ist ab der Post gekennzeichnet und verläuft in Richtung Erlenhain zur Saußbachklamm (Naturschutzgebiet). Hier führt ein Steig entlang der Klamm bis zum Staudamm. Der Rückweg nach Waldkirchen erfolgt entlang des Kanals.

Die liebliche Landschaft *rund um die Salzstraße, wie hier bei Freyung, lädt zu Wanderungen ein.*

Mitterweg (6 Kilometer Rundweg, ca. 1,5 Stunden). Ausgangspunkt: Tourismusbüro/Post, Waldkirchen.
Dieser Wanderweg führt über den Erlenhain bis zur Abzweigung Mitterweg, von hier weiter zum Mittelteil der Saußbachklamm (Naturschutzgebiet), und mündet ein in den Wanderweg 1. Hier führt ein Steig entlang der Klamm bis zum Staudamm. Der Rückweg nach Waldkirchen erfolgt entlang des Kanals.

»Immer neue Schubladen tun sich auf und zeigen bunte, glänzende Kleinodien, und das hat kein Ende«, schreibt der Erzähler Karl Leberecht Immermann in seiner »Fränkischen Reise« von 1837. Franken – ein Land bunter Vielfalt in jeder Beziehung. Gastliche Menschen, gutes Essen und Trinken als unabdingbare Teile der Kultur und des Lebens, das hat Tradition in Franken. Zu der bayerischen und ganz besonders zur fränkischen Vielfalt an Spezialitäten gehört zweifellos das Bier.

DIE BIERSTRASSE

Getreide, *wie beispielsweise Gerste, wird für die Bierherstellung zunächst gemälzt, damit die darin enthaltene Stärke durch Enzyme abgebaut (verzuckert) und anschließend vergärt werden kann.*

Weißbier *wird als Kristallbier oder trübes Hefeweizen hergestellt.*

Hopfen *ist die Hauptzutat beim Bierbrauen. Er bestimmt die typische, angenehme Würze des Bieres.*

Kaum zu glauben: Bayerns gut 700 Brauereien produzieren rund 4 000 verschiedene Biermarken. Die größte Brauereidichte der Welt gibt es jedoch in Franken. In etwa 300 Brauereien wird dort eine Vielfalt charaktervoller Bierspezialitäten gebraut. Diese einmalige Bierlandschaft, Bierfranken genannt, liegt in Oberfranken, zwischen Nürnberg, Bayreuth und Hof. Auf 4 500 Einwohner kommt hier eine Brauerei, und der räumliche Abstand zwischen zweien beträgt höchstens 30 Kilometer. Die Bierstraße ist reich an landschaftlichen und kulturellen Sehenswürdigkeiten, kann mit vielen kulinarischen Spezialitäten aufwarten und bietet Gastlichkeit und Geselligkeit.

Das Bier ist keineswegs eine bayerische Erfindung, sondern gehört zur zivilisatorischen Entwicklung der Menschen. Fast alle Kulturen der Welt kennen bierartige Getränke, und in nahezu allen Sprachen findet sich ein Wort dafür. Durch den Anbau von kohlenhydrathaltigen Pflanzen wie Reis, Mais, Kartoffeln oder Getreide konnte der Mensch sesshaft werden – endlich war er in der Lage, Vorräte anzulegen, und musste sich nicht ständig auf Nahrungssuche begeben. Und wie der Zufall es wollte: Man entdeckte, dass die Grundnahrungsmittel in Verbindung mit Wasser nach einiger Zeit ein berauschendes Getränk erzeugen konnten. Das erste Bier entstand beim Brotbacken, als Getreide oder Brot feucht wurden und zu gären begannen. Grundsubstanzen der ersten »echten« Biere waren Urgerste, Emmer oder Einkorn, die ältesten Getreidesorten überhaupt.

Der Vormarsch des Bieres als kräftigendes, erfrischendes »flüssiges Brot« sowie als göttlich anregendes, berauschendes Getränk für gesellige Feiern und kultische Anlässe ging mit der Ausbreitung der Zivilisation einher.

Die ältesten Nachweise für die Entstehung des Bieres stammen aus der Jungsteinzeit und kommen aus dem sumerischen und assyrischen Raum. Wenig später schon entdeckte man das Bier auch als Trägersubstanz für heilende, aphrodisische und halluzinogene Pflanzen. In den frühen Kulturen war die Pflanzenkunde eine weibliche Domäne, und so ist es nicht verwunderlich, dass auch das Bierbrauen ursprünglich Frauensache war. Frauen konnten durch die Braukunst unterschiedliche Heil- und Rauschwirkungen erzeugen und damit, so schien es, auch eine Verbindung zur geistigen Sphäre der Götter herstellen. Eine der ältesten überlieferten Biergeschichten stammt aus dem Gilgamesch-Epos, das Ende des zweiten Jahrtausends v. Chr. auf zwölf Tontafeln in akkadischer Schrift festgehalten wurde: Der Halbgott Gilgamesch, ein mythischer König aus dem Land der Sumerer, hatte es sich zur Aufgabe gemacht, einen zottigen Tiermenschen namens Enkidu, der sich nur von Gras und Wasser ernähren wollte, zu kultivieren. Zu diesem Zweck schickte er ihm

Bereits im alten Ägypten *wurde Bier gebraut. Diese Figur eines Bierbrauers wurde als Grabbeigabe gefunden.*

Malerische Orte *wie Wirsberg (im Bild) und zauberhafte Landschaften erstrecken sich entlang der Bierstraße in Franken.*

Zur Brotzeit *im »Volksgarten« in Bayreuth gehört natürlich auch ein frisch gezapftes Bier.*

Allerorten *trifft man in Franken auf einladende Biergartenschilder.*

eine schöne Priesterin, die sagte: »Iss das Brot, Enkidu, das gehört zum Leben. Trinke das Bier, wie es im Lande Brauch ist!« Enkidu, entzückt von der verführerischen Botin, aß und trank. Nach sieben Krügen Bier trat die gewünschte Wirkung ein: »Da entspannte sich sein Inneres und er ward heiter. Sein Herz frohlockte und sein Angesicht strahlte, er wusch sich den zottigen Leib mit Wasser, salbte sich mit Öl – und er ward ein Mensch.«

Die Sumerer kannten bereits 36 Biersorten. Aus erhaltenen Handelslisten und Rohstoffabrechnungen aus dem zweiten und dritten Jahrtausend v. Chr. geht hervor, dass sie zur Bierherstellung die Gerste bevorzugten. Im Gegensatz zu den Ägyptern, die Bier lange Zeit in kalter Brauweise herstellten, erhitzten die Sumerer ihren Gerstensaft. Und wie die Ägypter sogen sie ihn mit strohhalmartigen Rohren aus den Trinkgefäßen, um zu vermeiden, dass Braurückstände in den Mund gelangten. Das babylonische Bier soll wegen seiner guten Qualität schon nach Ägypten exportiert worden sein. Ging es um den Gerstensaft, verstand Hammurabi, ein babylonischer König, keinen Spaß. Er verhängte strenge Biergesetze: Zur Qualitätskontrolle legte man damals schon den Würzgehalt des Bieres fest – eine frühe Variante des Reinheitsgebots. Der Bierpreis war gesetzlich vorgeschrieben, ebenso die Menge, die jeder täglich zu sich nehmen durfte. Je höher der gesellschaftliche Rang, desto höher die Zuteilung. Bierpanscher wurden in ihren Fässern ertränkt oder so lange mit Bier übergossen, bis sie erstickten.

Auch bei den alten Ägyptern galt das Bier bereits als Volksnahrungsmittel und stellte einen Teil der Entlohnung dar. Daneben war es aber auch Heil- und Genussmittel. Um Bier zu trinken, ging man in öffentliche Schänken. Unter wohlhabenden Zechern war es Sitte, sich nach ausgiebigem Trinkgenuss von Sklaven in einer Hängematte nach Hause tragen zu lassen. Das »süße« Bier der Ägypter, gebraut aus den Früchten des Johannisbrotbaums,

Zur fränkischen Brotzeit *gehört nicht nur das Bier, sondern auch deftige Wurstspezialitäten und natürlich herzhaftes Brot.*

Frisch vom Fass *und sorgfältig gezapft, so schätzen Kenner ihr Bier. Eben so wie im »Mönchshof« in Kulmbach.*

Wussten Sie, dass der Spruch des Grimm'schen Rumpelstilzchen »Heute back' ich, morgen brau' ich« einer jahrhundertelangen Praxis im ländlichen Alltag entsprach? Nach dem Backtag wurde an der selben Feuerstelle gebraut, da die durch den Backprozess freigesetzten Hefen für den Gärungsprozess der Bierherstellung genutzt werden konnten.

heilte Magenschmerzen und Verstopfung. Andere Biersorten wurden gegen Hautkrankheiten, Frauenleiden und Skorpionbisse eingesetzt. Bier wurde Toten als Wegzehrung für die letzte Reise mitgegeben und bei Begräbnisfeiern floss es reichlich, denn es galt als Trostspender.

Bei den Kelten und Germanen war das Bierbrauen – wie in den alten Kulturen – eine weibliche Domäne. Zum Frühjahrsfest, das dem Donnergott Thor gewidmet war, brauten sie ein Bier mit Bilsenkraut. Diese Pflanze hat erotisierende Eigenschaften und kann in großen Mengen sogar Halluzinationen erzeugen. Den Römern war das Bier ein Graus. Sie nahmen das »Barbarengetränk« allenfalls zu sich, um den »vom Wein erhitzten Kopf« zu kühlen. Auch der römische Schriftsteller Tacitus (55–116 n. Chr.) konnte sich für das Lieblingsgetränk der germanischen Stämme nicht erwärmen. Er bezeichnete es als »eine Flüssigkeit aus Gerste oder Weizen, zu einer Art schlechtem Wein gemacht«. Zudem mögen die Trinkgefäße der Germanen die Fremden abgeschreckt haben. Neben Tongefäßen und Hörnern benutzten sie mitunter auch die Schädel ihrer erschlagenen Feinde.

Die Germanen brauten schon 800 Jahre v. Chr. ihr Bier aus Gerste, Weizen oder auch Hirse, mit Myrte, Eschenlaub und Eichenrinde gewürzt. Um eine stärkere Rauschwirkung zu erzielen, setzte man dem Trunk häufig »den Honig der wilden Bienen« zu.

Um 800 n. Chr. zogen aus dem französischen Raum christliche Missionare nach Bayern, um dort die ersten Klöster zu gründen. Mit dem christlichen Glauben kehrte auch eine verfeinerte keltische Brautradition in Bayern ein, gleichzeitig kam es zu einer folgenreichen Veränderung der Beziehung zwischen Mann und Frau: Die Frauen mussten sich den Männern unterordnen. In der neuen patriarchalischen Gesellschaftsordnung des Mittelalters fühlten sich die Männer von den magischen Fähigkeiten, die sie den Frauen zuschrieben, bedroht. Pflanzenkundige Frauen wurden zu Hexen erklärt,

das Gebräu in ihren Sudkesseln verteufelte man nun als Zaubertrank. Das Brauen wurde Männersache.
Und das Bier veränderte seinen Geschmack: Die süßliche Note verschwand – Hopfen diente als neues herbes Würzmittel. Er war, vermutlich von den slawischen Wenden, aus Böhmen nach Bayern und Deutschland importiert und dann von den Mönchen schon bald zum Brauen übernommen worden. Er wirkte – ganz abgesehen von all seinen möglichen Heilwirkungen, die schon Hildegard von Bingen rühmte – auch als natürliches Konservierungsmittel.
Und je mehr dem Bier davon beigemischt wird, desto kräftiger wird sein Schaum. Obwohl Hopfen als Heilmittel in den Klostergärten schon seit dem achten Jahrhundert angepflanzt wurde, lässt er sich im Klosterbier erst ab dem 14. Jahrhundert nachweisen. Der Hopfen stammt übrigens aus Asien und gehört zur Gattung der Maulbeergewächse. Mit der ursprünglich robusten Schlingpflanze hat das hochgezüchtete Klettergewächs, das heute in unseren Breiten angepflanzt wird, aber nur noch wenig gemeinsam.

Darstellungen vom heiligen Florian, dem Schutzheiligen der Feuerwehrleute, zieren viele Häuser und Höfe in der bayerischen Bierlandschaft. Doch er gilt auch als Schutzpatron der Bierbrauer. In der Münchner Peterskirche steht ein Floriansaltar, vor dem alle zwei Jahre eine Messe eigens für die Bierbrauer abgehalten wird. Wie der Florian zum Brauerstand kam? Nun: Nirgendwo in den mittelalterlichen Städten brannte es häufiger als in den Brauereien, wo die riesigen Holzsudkessel befeuert wurden. Und weil die Brauer zum Löschen meist gleich an Ort und Stelle waren, rekrutierte sich aus ihnen die öffentliche Feuerwehr. Neben Florian verehrt man in Bayern auch den Sagenkönig Gambrinus als Schutzheiligen des Biers. Er soll im 16. Jahrhundert in Flandern gelebt und dort den Hopfen für das Bier entdeckt haben – was für das flandrische Bier zutreffen mag. In Bayern waren ihm die Mönche mit Sicherheit um 200 Jahre voraus.

In der Beliebtheit des Gerstensaftes gab es aber einen Einbruch: In den ersten Jahrhunderten des zweiten Jahrtausends herrschte in Mitteleuropa ein zunehmend wärmeres Klima. Dieses wurde so mild, dass im Laufe des ausgehenden Mittelalters der Weinbau in unseren Breitengraden immer mehr Erfolg hatte und sich ausbreitete. Nicht nur in allen auch heute noch bekannten und berühmten Weinbaugebieten Deutschlands, sondern weit darüber hinaus, bis nach Altbayern, wurden immer mehr Weinberge angelegt, und der Wein wurde als Volksgetränk ausgeschenkt. Doch das Klima schlug wieder um. Aus dem Jahr 1437 wird berichtet, dass harte und lang anhaltende Fröste nahezu überall in Süddeutschland die Weinstöcke erfrieren ließen und so die Weinberge fast zur Gänze vernichtet waren. Nach dem Rückgang des Weinbaus wurde wieder verstärkt Bier gebraut. Hier befanden sich private Brauereien in Konkurrenz zu den Klosterbrauereien. Dabei ging es um die Bierqualität, die öffentlichen Schankrechte und verschiedenen Steuerbegünstigungen der Klöster und um den niedrigen Bierpreis. Manche Privatbrauer versuchten, ihren Gewinn zu sichern, indem sie, anders als die qualitativ bessere klösterliche Konkurrenz, das Bier mit billigen Zutaten brauten. Das hatte nicht nur Auswirkungen auf den Geschmack, sondern stellte mancherorts eine gesundheitliche Gefahr dar. Das schlechte Bier verursachte Kopfschmerzen, Übelkeit und Durchfall. Der daraus resultierende reißende Absatz des Klosterbieres zeigte den Fürsten, dass sich mit Bier

Der heilige Florian *ist der Schutzpatron der Feuerwehrleute und der Bierbrauer. Denn nirgends brannte es so viel wie in den Städten, in denen gebraut wurde.*

Hermann Pflaum *(Mitte) von »Pflaums Posthotel« in Pegnitz bei einer Bierprobe.*

Der Sagenkönig Gambrinus *wird neben dem heiligen Florian als Schutzheiliger der Bierbrauer in Bayern verehrt.*

Maisels Weiße *von der Brauerei Maisel in Bayreuth zählt zu den bekanntesten Traditionsbieren Frankens.*

Zwickelbier *von der Brauerei Zwickel in Bayreuth ist ein weiteres bekanntes Traditionsbier aus Franken.*

aus hochwertigen Grundstoffen gute Geschäfte machen ließen. Das wollten sich die weltlichen Machthaber natürlich nicht entgehen lassen.

1487 erließ Herzog Albrecht IV. für die Stadt München eine Braubestimmung. Sie legte fest, aus welchen Stoffen Bier hergestellt werden und wie lange es gären durfte. Um den Absatz zu sichern, wurde dann ein Preisgesetz erlassen. Es garantierte, dass Bier für jedermann erschwinglich blieb. Damit wurde Bier auch außerhalb der Klöster in den Status eines Grundnahrungsmittels erhoben. 1493 erließ Herzog Georg der Reiche in Landshut eine Brauvorschrift für Niederbayern. Nach der Wiedervereinigung der ober- und niederbayerischen Lande formulierten die bayerischen Herzogsbrüder Ludwig X. und Wilhelm IV. in Ingolstadt im Jahr 1516 das erste Lebensmittelgesetz der Welt, das heute unter dem Begriff »Reinheitsgebot« weltweit bekannt ist: »Wir wollen auch sonderlichen das füran allenthalben in unsern stetten märckthen un auf dem lannde zu kainem pier merer stückh dan allain gersten, hopfen un wasser genommen un gepraucht solle werdn«.

Das Reinheitsgebot diente nicht allein dem Schutz der öffentlichen Gesundheit, sondern genauso wirtschaftlichen Interessen. Nachdem es nun genaue Zutaten- und Mengenvorschriften gab, ließen sich zur Aufbesserung der Staatskasse auch Steuern erheben. Die Erlaubnis zum kommerziellen Brauen wurde vom Herzog erteilt; zur Qualitätssicherung wurden offizielle Bierbeschauer eingesetzt. Manche Brauer nahmen es mit der neuen Vorschrift nicht so genau, was empfindliche Strafen zur Folge hatte. Die Redewendung »Das schlägt dem Fass den Boden aus« geht auf die wenig zögerliche Praxis herzoglicher Bierbeschauer angesichts minderwertigen Bieres zurück. Die neue Regelung erwies sich schon bald als ein Segen für die Bierliebe der Bevölkerung. Das Bier setzte sich nun endgültig als bayerisches Nationalgetränk durch.

Auch Weißbier wurde getrunken – das übrigens eine Ausnahme zum Reinheitsgebot darstellt, denn es wird nicht aus Gerste, sondern aus Weizen gebraut.

Weißbier ist obergärig. Das bedeutet, dass die Hefe während des Gärprozesses obenauf schwimmt. Der Vorteil: Dieses Bier konnte das ganze Jahr über hergestellt werden, weil es keine kühlen Gärtemperaturen benötigt. Bei der untergärigen Brauweise mit Gerste lagert sich die Hefe auf dem Grund des Gärbottichs ab. Das Bier gärt nur bei niedriger Temperatur und konnte früher, mangels Kühltechnik, ausschließlich in den Wintermonaten hergestellt werden. Dafür war es länger haltbar.

Die anhaltende Freude am Weißbier machte sich Herzog Maximilian I. zunutze. Um die Staatsfinanzen aufzubessern, erklärte er das Weißbierbrauen zu seinem Monopol. Und so finanzierten die Trinkgewohnheiten der Bürger die bayerischen Waffengänge im Dreißigjährigen Krieg, später auch die Feldzüge gegen die Türken. Den Klöstern brachte das Weißbiermonopol hohe Verluste. Sie durften ja kein Weißbier verkaufen und blieben auf ihrem Braunbier sitzen. Mit der Säkularisation zu Beginn des 19. Jahrhunderts kam auch das Ende der Klosterbrauereien in Bayern. Von den ehemals 500 ist gerade mal ein Dutzend übrig geblieben.

Zum Bierbrauen wird Gerste mit Wasser vermischt, damit sie keimt. Dieses »Grünmalz« trocknet und röstet man bei 80 °C für helles oder bei 105 °C für dunkles Bier. Das so entstandene »Darrmalz« wird von den Getreidekeimen befreit, geschrotet und, mit Wasser vermischt, wiederum erhitzt. Bei diesem »Maischen« wandelt sich die

Im Zinnfigurenmuseum *in Plassenburg bei Kulmbach kann man Mönche beim Bierbrauen und Fässeranstechen betrachten.*

Stärke in der Gerste um in Malzzucker, und es entwickelt sich die Würze. Diese kocht man etwa zwei Stunden lang mit Hopfen. Dabei ergibt die Malzsüße in Verbindung mit dem bitteren Hopfen den jeweils sortentypischen Biergeschmack: Mehr Hopfen macht das Bier herber, herzhafter, etwas weniger lässt es süßer, vollmundiger, malziger schmecken.
Beim Kochen verdampft Wasser, so dass sich eine bestimmte Würzekonzentration ergibt. Zu dieser Stammwürze kommt nun Hefe und bewirkt die Gärung. Das junge Bier füllt man in Fässer und lagert es bei 0 °C ein bis vier Monate zum Nachgären und Reifen. Je länger die Lagerung, je besser. Vor der Abfüllung in Flaschen muss das Bier gefiltert werden, damit es sich hält. Immer mehr Bierfans schwören auf ungefiltertes Bier, weil sie finden, dass es besser schmeckt.
Die meisten Biere sind Vollbiere mit 11 bis 14 Prozent Stammwürze und bis über fünf Prozent Alkohol. Zu diesen Vollbieren gehört das »Märzen«. Früher braute man dieses untergärige Bier nur in München und nur bis zum Monat März. Den Sommer über lagerte es in Kältestollen. Damit es sich besonders lange hielt, wurde es besonders stark gebraut. Heute ist das bernsteinfarbene Märzen ein richtiges Festbier mit etwa fünf Prozent Alkohol und nur leicht bitterem Geschmack. Starkbiere, anno dazumal in Klöstern als »flüssige Nahrung« zum Überstehen der Fastenzeit gebraut, bringen über 16 Prozent Stammwürze und einen Alkolholgehalt von bis zu sieben Prozent ins Glas. Zu den Starkbieren zählt auch der »Bock«, bei dem nicht das gleichnamige Tier Pate stand, sondern die niedersächsische Stadt Einbeck, in der ein solches Bier zuerst gebraut wurde. Die reichen Münchner, die sich im 16. Jahrhundert ihr Bier von dort her schicken ließen, nannten es »oan Bock«.

In Bierfranken sieden die kleinen Brauereien in der Regel nicht eine einzige Biersorte, sondern mindestens ein Helles und ein Dunkles, dazu noch ein Märzen und ein Pils. Leichte, elegante Biere gibt es, spritzige, hopfenbetonte, aber auch starke, vollmundige, süffige, denen das Malz den Charakter verleiht, filtriert und naturtrüb, ungespundet mit wenig Kohlensäure. Typisch fränkisch ist ein ungespundetes, wenig schäumendes Dunkel sowie Kräusen-, Zwickel- oder Kellerbier. Kräusenbier ist das milchig trübe Bier, das vor Abschluss der Kräusenbildung (Hefe) vom Lagertrunk abgestochen wird. Es ist nur im Fass erhältlich. Beim Keller- und Zwickelbier warten die Brauer ab, bis die Kräusenbildung abgeschlossen ist und sich die Trübstoffe abgesetzt haben. In jedem Fall ist das Bier ungefiltert und erhält durch die verbleibende Hefe zusätzliche Geschmacksnuancen. Die kaum zu überbietende fränkische Biervielfalt (mehr als 400 verschiedene Sorten) ist Ausdruck einer traditionellen Braukunst in Quantität und Qualität.

Bierfreunde *kommen entlang der Bierstraße voll auf ihre Kosten: Wie wär's mit einem Kommunbräu aus Kulmbach?*

Auch das Dunkle *von der Brauerei Schnupp sollte bei einer Bierprobe nicht fehlen.*

Martina Groh-Walter *leitet das Hotel-Restaurant »Lohmühle« mit viel Liebe zum Detail. Dazu gehört auch die traditionell-fränkische Kost wie die Kürbiscremesuppe.*

Die ehemalige Gerberei *am Mühlbach ist das einzige Fachwerkhotel in Bayreuth. Eine echte »Wohlfühloase«.*

Kürbiscremesuppe mit Kernen und Öl

Für 4 Personen

- *500 g Kürbisfleisch*
- *1 Schalotte*
- *1 Knoblauchzehe*
- *30 g Butter*
- *100 ml trockener Weißwein*
- *1 l Gemüsebrühe*
- *6 EL Créme Fraîche*
- *1 EL Zitronensaft*
- *1 TL Kürbiskernöl*

Garnitur

- *50 g geröstete Kürbiskerne*
- *einige Tropfen Kürbiskernöl*
- *Créme Fraîche*

1 Das Kürbisfleisch würfeln. Schalotte und Knoblauchzehe fein hacken und in Butter glasig dünsten. Den Kürbis hinzufügen und 5 Minuten unter Rühren andünsten. Mit Weißwein ablöschen und die Flüssigkeit bei starker Hitze reduzieren lassen. Mit der Gemüsebrühe angießen und 30 Minuten köcheln lassen.

2 Danach die Créme Fraîche dazugeben und die Suppe mit einem Stabmixer pürieren. Zitronensaft und Öl hinzufügen, mit Salz und Pfeffer abschmecken.

3 Die Suppe mit den gerösteten Kürbiskernen bestreuen, etwas angeschlagene Créme Fraîche und Kürbiskernöl einträufeln und heiß servieren.

Kürbiscremesuppe mit Kernen und Öl.

Klaus Feiler *beweist, dass ausgewählte (aber keineswegs unerschwingliche) Zutaten für ein Spitzenergebnis gerade gut genug sind. Sein Tipp für eine genussvolle Pause in seinem Restaurant lautet: Baumwollne Klöße gefüllt mit Pfifferlingen auf Wildkräutersauce.*

Nehmen Sie Platz *im Restaurant »Feiler« in Wiesenthal-Muggendorf in der Fränkischen Schweiz. Probieren Sie auch die hausgemachten Kuchen.*

Baumwollne Klösse gefüllt mit Pfifferlingen auf Wildkräutersauce

Für 4 Personen

Füllung

- *50 g Butter*
- *1 EL Speckwürfel*
- *1 kleine Zwiebel, in Würfel geschnitten*
- *100 g Pfifferlinge, gehackt*
- *Salz, schwarzer Pfeffer aus der Mühle*
- *1 EL Petersilie, fein gehackt*

Klöße

- *500 g mehlig kochende, gekochte Kartoffeln*
- *2 Eigelbe, 50 g Mehl*
- *3 EL Kartoffelmehl, Salz*

Wildkräutersauce

- *60 g Butter, 40 g Mehl*
- *500 ml Gemüsebrühe, 200 g Sahne*
- *70 g Wildkräuter, fein gehackt*
- *30 g Spinatblätter, fein gehackt*
- *Salz, schwarzer Pfeffer aus der Mühle*

1 Für die Füllung die Butter erhitzen und die Speckwürfel darin auslassen. Zwiebelwürfel zugeben und glasig dünsten. Pfifferlinge mit andünsten. Mit Salz und Pfeffer würzen und die Petersilie unterrühren.

2 Für die Klöße die Kartoffeln durch die Presse drücken. Eigelbe, Mehl, Kartoffelmehl und Salz zugeben, alles zu einem Teig verarbeiten. Klöße formen und mit der Pfifferlingmasse füllen. Reichlich Salzwasser aufkochen, die Klöße hineingeben und offen in 12 bis 15 Minuten gar ziehen lassen.

3 Für die Sauce die Butter in einer Sauteuse erhitzen und das Mehl darin anschwitzen. Die Gemüsebrühe einrühren. Die Sauce 5 Minuten bei schwacher Hitze kochen. Die Sahne dazugießen und die Sauce weitere 5 Minuten kochen. Die Kräuter und den Spinat zugeben. Alles im Mixer pürieren und mit Salz und Pfeffer würzen. Die Sauce durch ein Haarsieb passieren, nochmals erhitzen und zu den Klößen servieren.

Alexander Herrmanns *Komposition besticht durch extravagante Raffinesse: Taubenbrust mit Karamell-Biersauce, Lauchcannelloni und Artischockenchips.*

Alexander Herrmann ist Mitglied der Vereinigung »Die jungen Wilden«, ein Zusammenschluss von 20 Köchen, die sich u.a. zum Ziel gesetzt haben, vor allem jüngere Leute für die so genannte gehobene Gastronomie zu begeistern.

Taubenbrust mit Karamell-Biersauce, Lauchcannelloni und Artischockenchips

Für 4 Personen

- *2 große französische Tauben à 450 g*
- *7 EL Olivenöl*
- *2 Schalotten, klein gehackt*
- *150 ml helles Bier*
- *400 ml Hühnerbrühe*
- *1 Lorbeerblatt*
- *Salz, schwarzer Pfeffer aus der Mühle*
- *2 EL Zucker*
- *2 Zweige Thymian*

Lauchcannelloni

- *8 Lasagneplatten*
- *Salz, schwarzer Pfeffer*
- *20 g Butter*
- *1 Lauchstange, in feine Streifen geschnitten*
- *Thymianblättchen nach Geschmack*
- *Sojasauce*
- *1 Eigelb*

Artischockenchips

- *1 große Artischocke*
- *Öl zum Frittieren*
- *Salz*

1 Die Brustfilets sowie die Keulen der Tauben von den Knochen schneiden und das Fleisch kalt stellen. Die Knochen grob zerkleinern.

2 In einem großen Topf 5 Esslöffel Olivenöl erhitzen und die Knochen darin anbraten. Die Schalotten hinzufügen, kurz mitbraten und alles mit 100 Milliliter Bier ablöschen. Mit der Hühnerbrühe auffüllen und das Lorbeerblatt zugeben. Die Sauce zugedeckt bei mittlerer Hitze 20 Minuten kochen. Durch ein feines Sieb gießen und mit Salz und Pfeffer abschmecken.

3 Den Zucker in einer Stielkasserolle karamellisieren. Mit dem übrigen Bier ablöschen und den Taubenfond hinzufügen. Je nach Konzentration des Taubenfonds die Flüssigkeit etwas einkochen lassen. Den Backofen auf 100 °C vorheizen.

Taubenbrust mit Karamell-Biersauce, Lauchcannelloni und Artischockenchips.

4 Die Taubenbrustfilets und die Keulen mit Salz und Pfeffer würzen. In einer ofenfesten Pfanne das restliche Olivenöl erhitzen und die Geflügelteile darin bei nicht zu starker Hitze anbraten. Die Thymianzweige dazugeben und das Geflügel für 10 Minuten in den heißen Ofen geben.

5 Für die Cannelloni die Lasagneblätter in reichlich Salzwasser nach Packungsanleitung bissfest kochen. In Eiswasser abschrecken und auf einem Tuch abtropfen lassen.

6 Die Butter in einem Topf erhitzen. Den Lauch darin mit den Thymianblättchen unter ständigem Rühren dünsten. Mit Salz, Pfeffer und 1 Spritzer Sojasauce abschmecken. Die Lasagneblätter mit Eigelb bestreichen. Die Lauchmischung darauf verteilen, die Nudeln aufrollen und in den heißen Ofen geben.

7 Für die Artischockenchips die Artischocke waschen, putzen und auf dem Gemüsehobel in dünne Scheiben schneiden. Das auf 180 °C erhitzte Öl erhitzen und die Artischockenscheiben darin frittieren. Mit einem Schaumlöffel herausheben und auf Küchenpapier entfetten. Mit Salz bestreuen.

8 Zum Servieren die Lauchcannelloni in die Mitte der vorgewärmten Teller setzen und mit der Sauce begießen. Die Taubenbrustfilets in dünne Scheiben schneiden und fächerförmig auf die Canelloni setzen. Die Keulen hinzugeben und das Gericht mit den Artischockenchips garnieren.

Artischocke

Die Artischocke – eine Distelart – ist ein wahres Feinschmeckergemüse. Die bis zu zwei Meter hohe Staude stammt ursprünglich vermutlich aus dem vorderen Orient; ihre genaue Herkunft ist unbekannt. Die Ägypter kannten sie bereits vor mehr als 2500 Jahren. Sie wächst in allen gemäßigten und warmen Zonen und wird heute hauptsächlich in den Mittelmeerländern angebaut.

Geerntet werden die 6 bis 13 Zentimeter großen, rundlichen bis kiefernzapfenförmigen Knospen, die es auf ein Gewicht von bis zu 500 Gramm bringen können. Zum Verzehr schneidet man den Stiel ab, entfernt die äußeren Blätter und wäscht den Kopf. Dieser wird je nach Größe bis zu 45 Minuten in Salzwasser mit Essig oder Zitronensaft gekocht. Man zupft die einzelnen Blättchen der Artischocke ab, tunkt das fleischige Blattende in eine Sauce und saugt es aus oder zieht den fleischigen Blattansatz mit den Zähnen ab. Der Artischockenboden wird ebenfalls gegessen, nachdem man das »Heu«, den ungenießbaren faserigen Teil, entfernt hat.

Neben ihrem kulinarischen Wert hat die Artischocke eine lange Tradition als Arzneipflanze. Schon im 4. Jahrhundert v. Chr. war sie bekannt für ihre positive Wirkung auf Leber und Galle. Ihre Heilkraft verdankt sie zahlreichen Vitaminen, Gerbstoffen und Flavonoiden, ihr Hauptwirkstoff ist das Cynarin. Außerdem ist sie reich an Kalium, Kalzium, Phosphor und Eisen.

Die Artischocke regt die Tätigkeit der Nieren an, wirkt harntreibend und dadurch entwässernd auf den Körper. Sie senkt den Cholesteringehalt im Blut und reinigt die Leber.

Neueren wissenschaftlichen Erkenntnissen zufolge steigert Artischockenextrakt die Produktion von Gallenflüssigkeit und wirkt so der Bildung von Gallensteinen entgegen.

Den Wegweiser *zu »Herrmann's Posthotel« in Wirsberg kann eigentlich niemand übersehen.*

Das Hotel-Restaurant *»Herrmann's Posthotel« gehört zur Gruppe der Romantik-Hotels. Dass sich Gäste hier wohl fühlen, steht außer Frage.*

Die Bierstrasse

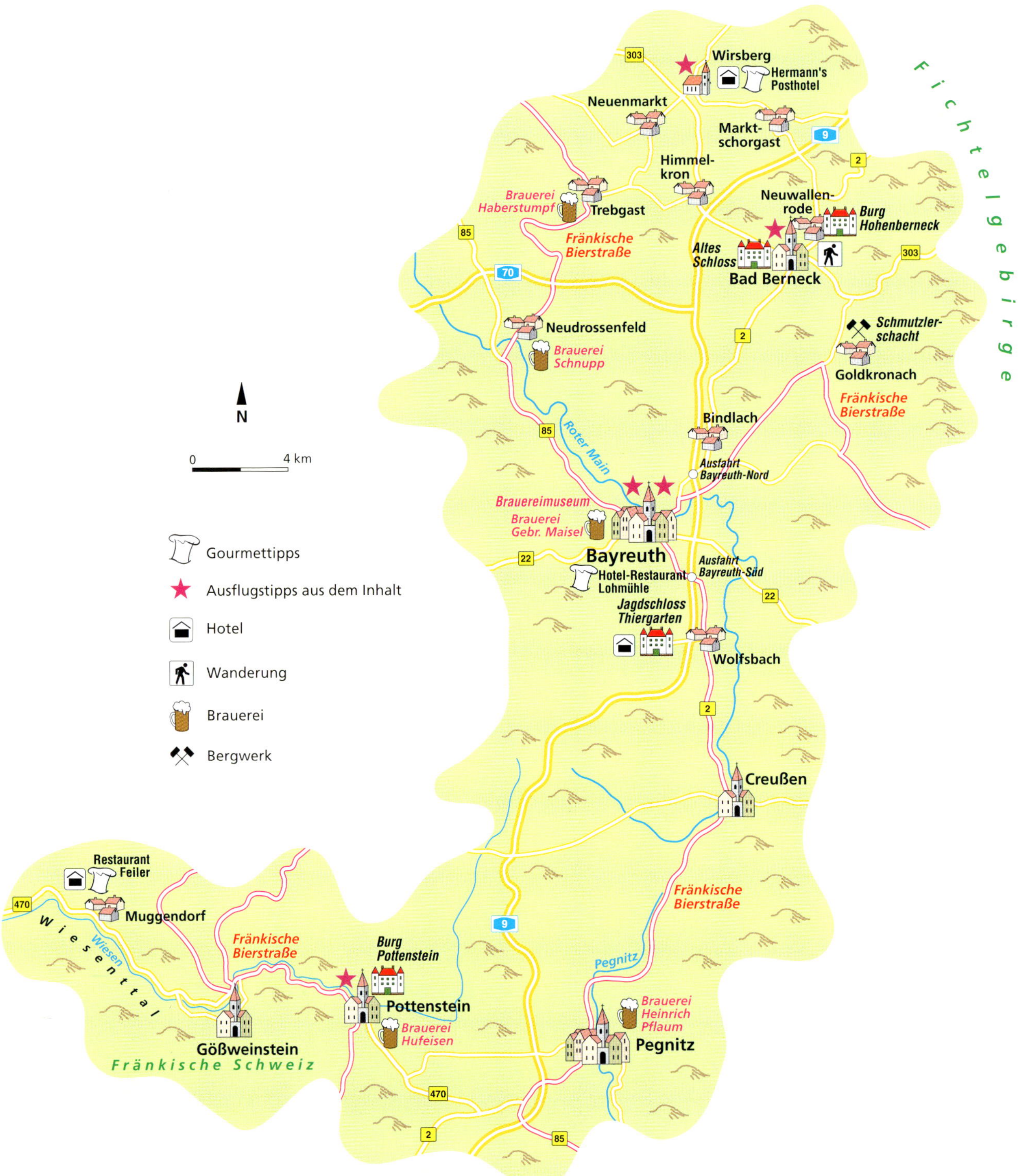

Routenbeschreibung

Oberfranken – das ist eine der vielfältigsten Regionen Bayerns. Nirgendwo auf der Welt gibt es eine größere Brauereidichte als hier. Die Fränkische Bierstraße führt mitten durch das Land mit seiner herrlichen Natur, der bayerisch-fränkischen Kulturgeschichte und dem guten Essen und Trinken. Bekannte Bierkenner wie Jean Paul und Richard Wagner liebten die unterschiedlichen Landschaften, etwa die romantische Fränkische Schweiz und das Hohe Fichtelgebirge. Die bierbesinnliche Tour erschließt die Bierregion um Bayreuth unter dem Motto »Genießen und Bescheid wissen«.

Die kulinarische Rundreise beginnt man über die A9 kommend in **Bayreuth**, der weltberühmten Festspielstadt mit dem Grünen Hügel, wo sich alljährlich die große Schar der Wagner-Enthusiasten ein Stelldichein gibt. Das Bayreuther Festspielhaus, einzigartig in Architektur und Akustik, ist sehenswert, schließlich zählt es zu den größten Opernbühnen der Welt. Als sich Richard Wagner für Bayreuth entschied, war für ihn das Markgräfliche Opernhaus ausschlaggebend. Dieses schönste erhaltene Barocktheater Europas hatte 1871 noch die größte Bühne in Deutschland.

Bei einer Reise *entlang der Bierstraße gehört die Besichtigung des Bayreuther Festspielhauses mit aufs Programm.*

Bayreuth hat noch mehr Superlative zu bieten, war die Stadt doch auch Residenz der Markgrafen von Bayreuth. Markgraf Friedrich und die preußische Prinzessin Wilhelmine, Schwester Friedrichs des Großen, waren die alles überragenden Figuren im Bayreuth des 18. Jahrhunderts. Das Neue und Alte Schloss, die Eremitage sind Beispiele des höfischen Lebens dieser Zeit.

In der Bierstadt Bayreuth fällt ein zinnengeschmückter Industriebau mit einem mächtigen helmbewehrten Schlot auf: Maisel's Brauerei- und Büttnerei-Museum. 90 Jahre lang wurde hier mit der Kraft zischender Dampfmaschinen ein Bier gebraut, dem auch Richard Wagner huldigte. Der Weg durch die Braugeschichte führt durch ein komplettes Sudhaus aus dem Jahr 1887 samt feuerbeheizter Malzdarre und betriebsbereiter Malzputz, Sudpfanne mit Feuerkochung, hölzernem Gärbottich, Lagertank, Fasspflege und Flaschenreinigung. Was früher zum Bierbrauen gebraucht wurde, findet sich in diesem Museum. Geradezu ein Disneyland für Erwachsene!

Doch nach der Theorie zurück zur Praxis. Das Lebensgefühl, das zum Bier gehört wie der Hopfen zum Malz, ist nirgendwo so original zu genießen wie im Biergarten, z. B. dem der Bayreuther Bierbrauerei auf dem Herzogkeller, einem der reizvollsten in der Stadt, unmittelbar neben dem Maisel-Brauereimuseum.

Ebenso *sollte man die eine oder andere Brauerei besichtigen. Hier im Bild ist die Bayreuther Bierbrauerei.*

Erst 1977 wurde auf den alten Grundmauern der ehemaligen Gerberei am Mühlbach ein originalgetreues, altfränkisches Fachwerkhaus mit Restaurant und Gästezimmer erbaut, das einzige Fachwerkhotel in Bayreuth. Neben dem urigen Restaurant und dem »Gärtchen« entstanden eine klimatisierte Nichtraucher-Galerie und eine Terrasse direkt am rauschenden Mühlbach. Die Küche glänzt mit altfränkischen Spezialitäten. Für einen Bayreuth-Besuch ist diese »Wohlfühloase« eine erste Adresse.

Bayreuth verlassend folgt die Bierstraße der B85 in Richtung **Kulmbach** mit einem hübschen Ausblick auf das weite Tal des Roten Mains. Bald geht es rechts ab nach **Neudrossenfeld**. Seit 1726 wird hier im Ortsteil Altdrossenfeld in der Privatbrauerei Schnupp der Gerstensaft frisch vom Fass gezapft. Eine Spezialität ist das würzige altfränkische Dunkel. Dass die Natur in dieser Gegend noch in Ordnung ist, bezeugt das Storchenpaar, das jedes Jahr auf dem Kamin der Brauerei brütet und seine Jungen aufzieht.

Ein dunkles Schnupp vom Fass *in Neudrosselfeld überzeugt selbst Bier-Skeptiker.*

In **Trebgast**, der nächsten Station auf der Bierstraße, wurde das Recht, zu »prauen und zu mulzen«, bereits anno 1531 bestätigt, und auch die alte Flurbezeichnung »Hopfenrain« weist auf eine alte Biertradition hin. In der Landbrauerei Haberstumpf wird Bierbrauen als Handwerkskunst verstanden und nicht nur als das Produzieren von Ware. Fränkischer Hopfen, fränkisches Malz und eigenes Wasser aus 75 Metern Tiefe sind die Rohstoffe für die bekömmlichen, leicht gehopften Haberstumpf-Biere.

Über **Neuenmarkt** gelangt man nach **Wirsberg** mit seinem ehemaligen »Kommunbrauhaus« und der sehenswerten Pfarrkirche aus dem 18. Jahrhundert. Wegen der Kirche gilt der Ort als Geheimtipp für Brautpaare – ein Hochzeitsdorf im Grünen.

Im Hotel-Restaurant *»Herrmann's Posthotel«* wartet Chefkoch Alexander Herrmann mit einem besonderen kulinarischen Erlebnis auf: fränkischer Schiefertrüffel.

Man findet diesen Pilz auf verrotteten Schieferhalden im Frankenwald und Fichtelgebirge. Nur ein geschultes Auge findet diese Rarität unter den Schieferplatten. Weder Hund noch Schwein wird zum Suchen benötigt. Die Form des Pilzes entspricht dem französischen Trüffel, sein Geschmack liegt zwischen dem schwarzen Trüffel und dem Steinpilz, er hat aber ein eigenständiges Aroma. Da der Schiefertrüffel roh nicht genießbar ist, wird er eher als Würzpilz verwandt. Alexander Herrmann serviert diese Spezialität als Suppe oder in der Trüffelbratwurst.

Bier direkt aus dem Holzfass – *so fließt es noch hie und da in Brauereigaststätten in die Gläser.*

Über **Marktschorgast** geht es weiter nach **Bad Berneck**, der »Perle des Fichtelgebirges«. Sehenswert sind der Schlossberg mit den hoch am Felsen stehenden Ruinen des »Alten Schlosses« und die Burg Hohenberneck in **Neuwallenrode**. Empfehlenswert ist auch ein Abstecher nach **Bischofsgrün** mit dem 1024 Meter hohen Ochsenkopf.

Auf der B303 führt die Route weiter nach **Goldkronach**, eingebettet zwischen dem Goldberg und dem Leisauer Berg. Im Mittelalter war dieser Ort bekannt wegen seines bedeutenden Gold- und Silberbergbaus, was man im Besucherstollen »Schmutzlerschacht« nachvollziehen kann. Berühmtester Einwohner der Stadt: Von 1792 bis 1795 residierte in Goldkronach der königlich-preußische Bergamtsassessor und Oberbergmeister Alexander von Humboldt.

Auf der B2 gelangt man dann über Creußen nach Pegnitz. Seit alters schon eine Industriestadt, aber mit einem kulinarischen Superlativ: *»Pflaums Posthotel«*, ein Designerhotel, kurz *»PPP«* genannt. Der alte, kunstvoll geschmiedete Wirtshausausleger mit dem schwarzen Adler erinnert an den alten Namen: »Gasthof Post – Zum schwarzen Adler – Bierbrauerei von Heinrich Pflaum«. Auch heute trinkt man noch aus kostbaren mundgeblasenen Gläsern im Hause gebrautes Bier und darüber hinaus zwölf weitere Bierspezialitäten. Dazu gibt es die Feinschmecker-Bierküche von Hermann Pflaum, die mit zu den besten des Landes zählt.

»Pflaums Posthotel« *in Pegnitz kurz »PPP« genannt, bietet sich für kulinarische Erlebnisse und als Ausgangspunkt für verschiedene Ausflüge in die Region an.*

Der B470 folgend geht es weiter in die innere Fränkische Schweiz, das Land der Täler, Burgen und Felsen, der Höhlen und Mühlen – aber auch das Land der kleinen Privatbrauereien.

Die nächste Station ist Pottenstein. Das malerische Städtchen liegt zu Füßen des hoch aufragenden Burgberges im engen Talkessel. Der Ort zählt zu den ältesten Siedlungen dieser Gegend. Schon 918 wurde die stolze Burg unter König Konrad I. zum Schutz gegen Magyaren und Slawen erbaut. Die drei Brauereien des Ortes bieten Pils, Lager- und Vollbier. Im Brauereigasthof *»Hufeisen«* fließt das ungespundete Dunkle noch direkt aus dem Holzfass.

Dem Wiesenttal entlang geht es nun nach Muggendorf in das Hotel-Restaurant *»Feiler«*, wo bei original fränkischen Spezialitäten von Chefkoch Klaus Feiler die Fahrt auf der fränkischen Bierstraße ihren Ausklang findet.

Nehmen Sie sich Zeit *für einen Besuch in Pottenstein, einer der ältesten Siedlungen der Fränkischen Schweiz. Sehenswert ist vor allem auch die Burg.*

Wandervorschlag

Von Bad Berneck nach Stein

Der zunächst noch asphaltierte Weg führt durch den Kurpark Bad Berneck, geht dann in einen Forstweg über (Markierung: weißes W auf rotem Grund). Der »Westweg« des Fichtelgebirgsvereins führt nach drei Kilometern zum Weiler Stein mit seiner trutzigen Burgkapelle. Einkehrmöglichkeit bietet die Burgschänke. Für den Rückweg können Sie auch der Straße zur B2 folgen, wo sich die Haltestelle des nach Bad Berneck verkehrenden Busses befindet. Gehzeit: Hinweg ca. 1 Stunde.

Legen Sie *auf Ihrer Bierstraßenfahrt unbedingt einen Zwischenstopp in Bad Berneck, der »Perle des Fichtelgebirges«, ein.*

»Gruß dir, Fluss, dich preiset die Flur und preiset der Landmann … Und der Fels und die sonnige Höh', das Tal und der Abhang, dicht mit Reben bepflanzt, ein herrlich Schauspiel uns zeigen …«. Dem römischen Dichter Ausonius gefiel, was er bei einer Moselfahrt sah. So unverfälscht stellt sich die Region heute zwar nicht mehr dar, gleichwohl zählt sie zu den schönsten deutschen Fluss- und Weinbaulandschaften.

Die Moselweinstrasse

Das Symbol *für die Moselweinstraße, drei Trauben auf einem grünen M, weist den Weg von Perl über Trier bis nach Koblenz. Vorbei an unzähligen Weinstuben, Straußwirtschaften, gemütlichen Gasthäusern und erlesenen Restaurants.*

Nicht nur mit dem Auto *oder per Fahrrad lässt sich die Mosellandschaft erkunden – vom Wasserweg aus zeigt sie sich von einem anderen Blickwinkel in ihrer lieblichen Schönheit.*

Eindrucksvolle Zeugnisse vom Leben und Wirken in den vorangegangenen Epochen, speziell aus der Römerzeit, prägen das Moselland als eine der großen Kulturlandschaften in Europa.

Die Mosel (frz. Moselle, lat. Mosella) ist der größte linke Nebenfluss des Rheins. Von ihren 545 Kilometern Gesamtlänge entfallen 242 Kilometer auf Deutschland, genauer auf Rheinland-Pfalz und das Saarland. Deutschland erreicht der Fluss hinter Apach, von wo aus er bis Remich die luxemburgisch-saarländische Grenze bildet. Von dort bis Wasserbillig trennt er Luxemburg und Rheinland-Pfalz.

Unterhalb Triers bis zur Mündung in den Rhein bei Koblenz durchbricht die Mosel, in tiefem Bett und recht verschlungen, das Rheinische Schiefergebirge und schneidet dabei Eifel und Hunsrück. Dieser Flussabschnitt ist der landschaftlich reizvollste und zugleich ein Zentrum hoher Winzerkunst. Die Moselweinstraße ist eine den Fluss begleitende, 242 Kilometer lange Autoroute – ein genussvoller Reiseweg für Weinfreunde und Feinschmecker. Eine Fahrt auf der Moselweinstraße bedeutet immer auch eine Fahrt in die Vergangenheit.

Nach der Niederwerfung der keltisch-germanischen Treverer erreichte der römische Feldherr Gaius Julius Cäsar 51 v. Chr. den Rhein. 500 Jahre lang machten sich die Römer in der Region breit, führten die römisch-antike Lebensart ein und ließen es sich gut gehen. Zur Festigung ihres Einflussbereichs bauten sie Heer- und Handelsstraßen, schufen Tempel und Kastelle und gründeten Städte wie Augusta Treverorum (um 16 v. Chr.), das heutige Trier, die älteste Stadt Deutschlands. Früher war sie römische Kaiserresidenz und Hauptstadt des weströmischen Teilreiches mit Gallien, Spanien und Britannien. Somit kann Trier die prächtigsten römischen Bauten präsentieren: die Basilika, die Kaiserthermen, das Amphitheater und, nicht zu vergessen, die Porta Nigra, das römische Stadttor aus dem zweiten Jahrhundert, heute die berühmteste Sehenswürdigkeit der Stadt. 293 n. Chr. lebten etwa 70 000 Einwohner in Trier, der damals größten Stadt nördlich der Alpen. 475 ging die römische Herrschaft zu Ende,

nachdem die über den Rhein drängenden Franken die Kontrolle über den Moselraum gewonnen hatten, und Trier wurde zu einem Zentrum der christlichen Lehre. Bereits im 4. Jahrhundert wurde die Stadt Bistum, dann im 6. Jahrhundert Sitz eines Erzbistums, dessen Bischof 1356 als Kurfürst weltliche Macht erhielt.
Doch die kriegerischen Wirren machten auch vor dem Moseltal nicht halt, zumal es sich als west-östliches Durchmarschgebiet geradezu anbot. Infolge der Kriege mit Frankreich sank Triers Einwohnerzahl auf 3000 Seelen. Nach den Franzosen besetzten die Preußen die Region und etablierten ihre »Rheinprovinz«. Im Anschluss daran kamen wieder die Franzosen, bis nach dem Zweiten Weltkrieg die Region dem neuen deutschen Bundesland Rheinland-Pfalz angegliedert wurde.

Zurück zur Mosel und ihrer Romantik. Der Hymnus des römischen Lyrikers und Gelehrten Decimus Magnus Ausonius aus Burdigala, dem heutigen Bordeaux, ist das älteste bekannte Zeugnis für Moselbegeisterung. Das Erlebnis einer Flussfahrt von Bingen nach Trier setzte er in Verse um, die zusammen das Opus »Mosella« bilden.
»Und endlich erblickte ich … Noviomagnus, das berühmte Kastell des göttlichen Konstantin.« Dieses Lob für Neumagen entstand, als Ausonius im Auftrag des römischen Kaisers Valentinian unterwegs war, um über die Moselregion zu berichten. Die Zeiten waren unruhig, die Franken und Alemannen bedrohten die Grenzen, und dem Imperator war an Propaganda über Frieden und Sicherheit gelegen. Der Reisebericht umfasste denn auch 483 Verse, die die Mosel als den »grünsten aller Flüsse« und Neumagen als einen der »schönsten Orte« an ihren Ufern lobten. Das Kastell von Neumagen hat es übrigens in sich: Aus Mangel an Baumaterial verwendeten die Legionäre zum Bau der Schutzmauern Grabmäler, Pfeiler und Altäre der wohlhabenden Treverersiedlung aus dem 1. Jahrhundert, sehr zur Verwirrung der Fachleute, die bei Ausgrabungen die Funde zunächst zeitlich nicht einordnen konnten. Ein wichtiger Fund in Neumagen war das berühmte Weinschiff mit dem trinkfreudigen Steuermann. Womit wir wieder beim zentralen Moselthema wären: dem Wein.

Stets stand die weinselige Moselromantik im Schatten des Rheins. Die Literaten und Sänger hielten sich mehr an den »Vater Rhein«, zumal sich »Wein« besser darauf reimt. Dabei wachsen die spritzigeren Reben an den Hängen der Mosel. Der Moselweinbau geht zurück auf die römischen Eroberer Galliens, zu dem auch die linksrheinische Moselregion gehörte. Der Anbau war zunächst illegal, denn Kaiser Domitian hatte 92 n. Chr. in einem Erlass den Anbau von Wein in eroberten Provinzen verboten: Das römische

Dass die Mosel *von jeher zu romantischen Beschreibungen inspiriert, wird beim Betrachten dieser Farblithografie eines Titelblatts des Notendrucks von »Rhein und Mosel« deutlich (um 1890).*

Das Weinschiff aus Stein *mit dem trinkfreudigen Steuermann ist der berühmteste Fund in Neumagen, der Ende des 19. Jahrhunderts ausgegraben wurde und auf die letzte große Blütezeit des römischen Imperiums an der Mosel hinweist. Die meisten Fundstücke befinden sich im Landesmuseum in Trier.*

Trauben *findet man als Symbol in unterschiedlichsten Ausführungen an der Mosel. Diese hier ist ein Steinornament an einem Haus in Bernkastel-Kues.*

Zu den Spitzenweinen *des Weinguts Franzen in Bremm gehört der Bremmer Calmont, Cru Lage.*

Ein Blick *auf die Weinlage Bremmer Calmont, Cru Lage.*

Leidenschaft und Können *sind Voraussetzung für die Erzeugung von Spitzenweinen. Hier im Bild Winzer Franzen bei seiner Arbeit im Weinberg.*

Monopol des Weinexports sollte erhalten bleiben. Um das Verbot kümmerte sich aber an der Mosel niemand, Rom war weit weg und der Nachschub entsprechend lange unterwegs, was die Qualität des transportierten Weines nicht besser machte. Römische Legionäre konnte man vielleicht noch mit Apfelwein hinhalten, aber wer etwas zu sagen hatte, wollte auf seine frische Ration Wein nicht verzichten.
So siegte denn auch die Einsicht, und Kaiser Probus hob das Weinanbauverbot 282 n. Chr. auf. Jetzt nahm der Weinanbau in Gallien und Germanien erheblich zu und etablierte sich endgültig. In den späteren Jahrhunderten förderten Karl der Große, die Klöster und der Adel die Herstellung von Weinen tatkräftig. Heute gehört der Wein ebenso zur Region wie katholische Konfession und moselfränkische Mundart. Gute Moselweine zeichnen sich durch natürliche Spritzigkeit und fruchtig-leichtes Bukett aus, gerühmte Eigenschaften, die sie dem mineralstoffreichen und wärmespeichernden Schieferkalk verdanken.

Vor ungefähr 250.000 Jahren fräste sich die Mosel in mehr oder minder engen Bögen durch das Schiefergebirge. An den Außenkurven nagte das Wasser das Gestein weg und schuf so die steilen Prallhänge. In den Innenseiten der Kurven lagerten sich Geröll und Sand ab und bildeten die weicheren Gleithänge. Ein Blick über das Moseltal zeigt, dass an den Nordseiten kein Wein wächst. Nur die südlich ausgerichteten Prall- und Gleithänge bieten ideale Voraussetzungen für das Gedeihen eines edlen Tropfens. Die Böden der manchmal nur wenige Quadratmeter großen Weinbauflächen an der Mosel bestehen größtenteils aus Devonschiefer (schwarzgrau bis blau) und weichem Tonschiefer (gelbbräunlich), zum Teil auch aus verwittertem Vulkangestein und Buntsandstein (rötlich). Die Bodenstruktur bestimmt den Charakter des Weines, das Aroma, die Gewürznote und die Dichte.
Zur Zeit der heiligen Hildegard kannte man zwei Sorten von Wein. Der geringere davon hieß der »hunnische«, der

bessere, doppelt so hoch eingeschätzt, der »fränkische«. Im 16. Jahrhundert wurden die Weine mit dem Namen der Weinorte bezeichnet, die Lagennamen dienten lediglich der Bezeichnung der Weinberge. Seit dem 19. Jahrhundert geben sie auch den Weinen selbst den Namen. An der Mosel trifft man vielfach auf die Lagenbezeichnung »Berg« (Kanzemer Berg), die an das steile Weinberggelände erinnern soll. Die Bezeichnung »Lay« (Schiefer) betont den hohen Steingehalt des Bodens, der seine Erwärmung bedingt (Senheimer Lay). Auf die Grundstücksformen weisen die Kennzeichnungen »breit«, »lang« oder »spitz« hin. Die Worte Rotlay, Roterd und Rotenberg, Weißenberg und Braunfels, Schwarzenberg und Schwarzlay deuten auf die Farbe des Bodens und damit auf die unterschiedlichen Mineraliengehalte hin. Auf die frühere Zugehörigkeit zu Königshöfen verweisen Namen wie Königsberg oder Hofberg; auf adelige Besitzer gehen Bezeichnungen wie Burgberg, Schlossberg, Grafenberg, Ritterpfad und Junkersberg zurück. Zahlreicher sind an der Mosel die Bezeichnungen, die auf früheren Besitz durch Abteien, Klöster und Kirchen schließen lassen: Herrenberg, Abteiberg, Domprobst, Mönchsberg, Bruderschaft, Nonnenberg und Nonnenlay, Frauenberg und Juffer sind Beispiele dafür. Häufig beziehen sich die Lagenbezeichnungen auch auf die Pflanzenwelt, etwa bei Namen wie Rosenberg und Rosengärtchen, Würzlay, Kräuterberg und Kräuterhaus, Nussberg und Palmberg.

Gemütliche Straußwirtschaften *in den Winzerorten an der Mosel laden zu einem Schoppen und kleinen kulinarischen Genüssen ein.*

Noch mehr Namen gibt es, die mit der Tierwelt in Verbindung stehen: Geisberg, Hirschberg, Wolfsberg, Hasenläufer, Edrichsberg, Geierslay und Meisenberg, Eulenlay und Merlenkamp, Gauch-(Kuckuck)-Berg und Uhlen sind Beispiele dafür. Andere Wortbildungen haben den Zweck, die guten Voraussetzungen der betreffenden Lagen zum Ausdruck zu bringen: Goldberg, Goldwingert und Goldtröpfchen, Honigberg, Süßenberg und Sonnenberg, Sonnenuhr, Himmelreich und Silberberg bedürfen keiner Erläuterung. Die Bezeichnungen Laurentiuslay, Eucharius-, Johannis- und Petersberg sowie die Michels-, Martins- und Stefansberge erinnern an die Weinheiligen der betreffenden Gemarkungen.
Mit der Bezeichnung »Bernkasteler Doctor« verbindet sich eine Anekdote: Der ernsthaft erkrankte Trierer Erzbischof und Kurfürst Boemund II. soll im 14. Jahrhundert auf Anraten seines Leibarztes einen kräftigen Humpen dieses Weines getrunken haben und danach genesen von seinem Krankenlager aufgestanden sein. Der seitdem »Bernkasteler Doctor« genannte Wein gehört seit Jahrhunderten zu den absoluten Spitzenweinen der Region.
Die Weinlage »Nacktarsch« machte die Gemeinde Kröv bekannt. Im 14. Jahrhundert sollen die Arbeiter im Weinberg eines Klosters einen Tag in der Woche frei gehabt haben, an dem sie

Wein *hebt die Stimmung, gibt Zeit für Muße und Entspannung.*

Die Lagenbezeichnung »Calmont« entstammt dem keltischen Flurnamen »Calmund« (aus Cal = kahl, schroff und mund = Abhang). Es entspricht keltischer Gepflogenheit, Flurnamen nach dem sichtbaren Naturzustand zu wählen.

Die Weinlage *»Zeller Schwarze Katz« zählt zu den besten Lagen der Mosel und verdankt ihren Namen einer durchaus glaubwürdigen Sage.*

Reinhard Löwenstein *vom Weingut Heymann-Löwenstein in Winningen bei der Verkostung eines seiner Weine.*

Die Weinlage *»Nacktarsch«, die die Gemeinde Kröv berühmt gemacht hat, verdankt ihren Namen ebenfalls einer kuriosen Geschichte.*

für ihren eigenen Bedarf Wein lesen durften. Dem Klostervogt arbeiteten die Leute dabei zu schnell. Deshalb spendierte er ihnen ein Essen, von dem sie solchen Durchfall bekamen, dass sie nicht mehr in den Weinberg konnten. Ein Mann soll dennoch – ohne Hosen – durch den Weinberg gelaufen sein, um die Eimer mit Trauben zu füllen.

Wer auf der Fußgängerbrücke über die Mosel nach Zell auf die Weinlagen über dem Ort blickt, erkennt ein Felsgebilde, das mit viel Phantasie als eine springende Katze gedeutet werden kann. Die Rede ist von der Weinlage »Zeller Schwarze Katz«. Es geht die Sage, dass im Keller des Weingutes Mayntzer in der Käsgasse 2 (heute: Am Römerbad) drei Weinhändler beim »Durchprobieren« waren und sich nicht entschließen konnten, welcher Wein der beste sei. Eine schwarze Katze schlich im Keller umher und setzte sich auf eines der Weinfuder. Als der Winzer den Probierschlauch in dieses Fass einführen wollte, sprang ihm die Katze mit wütendem Fauchen entgegen, buckelte, sträubte das Fell und schlug mit ihren Tatzen nach jedem, der einen Tropfen aus dem Fass nehmen wollte. Damit war klar, welcher der beste Wein war – er trug fortan den Namen »Schwarze Katz«. Der Wein fand reißenden Absatz, so dass bald auch andere Zeller Winzer ihre Weine aus den Lagen »Kapertchen« und »Petersborn«, die zweifellos zu den besten Zeller Weinlagen zählen, unter der selben Bezeichnung verkauften.

Bei der jungen Winzergeneration an der Mosel, für die Klasse vor Masse kommt, gewinnt immer mehr eine andere Lagenklassifizierung an Bedeutung: die Crus. Das sind beste Lagen, die neben hoher Reife ein reproduzierbares, signifikantes Geschmacksprofil aufweisen. Eine historische Rechtfertigung lässt sich aus den Katastern des letzten Jahrhunderts ableiten. Gemäß der Königlich Preußischen Klassifikation von 1868 wurden nämlich die Weinbauflächen an der Mosel in Grand-Cru-, Premier-Cru- und Villages-Lagen eingeteilt, was die Qualität widerspiegelt. Diese Klassifizierung ähnelt dem Grand-Cru-System des Burgunds und wurde von Stuart Pigott und Hugh Johnson in ihren Deutschen Weinatlas übernommen.
Wann immer von Moselweinen die Rede ist, sind auch die Erzeugnisse von Saar und Ruwer gemeint. Der seit 1936 amtliche Begriff »Mosel-Saar-Ruwer« kennzeichnet das viertgrößte (nach Rheinhessen, Pfalz und Baden) von 13 deutschen Weinbaugebieten. Auf nahezu 12000 Hektar werden 54 Prozent Riesling und 21 Prozent Elbling, eine von den Römern an die Mosel gebrachte Rebe, angebaut. An der Obermosel gedeihen auf den Muschelkalkböden vorzugsweise die Elblingreben, aber auch die Burgundersorten Auxerois und Ruländer. An der Mittelmosel wächst in den Steillagen vor allem die Rieslingtraube, aber auch

Weißburgunder, Grauburgunder und Kerner. In den Gleithanglagen findet man dann noch Spätburgunder und Trollinger, die hier früher stärker vertreten waren. An der Terrassenmosel, wie die untere Mosel auch genannt wird, liegen die Terroirs großer Rieslinge. Der letzte Trierer Kurfürst Clemens Wenzeslaus gilt als großer Förderer der Rieslingrebe. 1787 wollte er entlang der Mosel zur Qualitätsverbesserung des heimischen Weinbaus alte Sorten durch die neue Rebe ersetzen lassen. Das Vorhaben scheiterte wegen der Besetzung durch die Franzosen. Erst nach 1830 wurde der Riesling zur dominierenden Rebsorte und erreichte in den 1920er Jahren den höchsten Anteil mit rund 90 Prozent der gesamten Rebfläche.

Der Riesling aus den nördlichen Anbaugebieten gilt als aromatisch und fruchtig. Je länger die Vegetationsperiode andauert, um so differenzierter sind die Aromen der Rieslingweine. Quasi auf Urgestein, dort, wo die Rebe tief in den Felsspalten wurzelt, ist der Riesling wie keine andere Rebsorte in der Lage, die individuellen Nuancen des Felsens in den Wein zu sublimieren. An der Mosel reifen Rieslinge, die nicht nur großartig schmecken, sondern echte Raritäten darstellen, da sie an keiner anderen Stelle der Erde reproduziert werden können. Deshalb erzielen Moselweine bei der Versteigerung in Bernkastel-Kues oft Rekordpreise für eine einzige Flasche.

Rieslingsekt *von der Mosel wird international geschätzt und schmeckt am besten bei einer Trinktemperatur zwischen 5 und 8 °C.*

Vom leichten Kabinett über harmonische Spät- und Auslesen bis hin zu edelsüßen Beeren- und Trockenbeerenauslesen und prickelnd-rassigen Eisweinen – die Region verfügt über ein unglaublich vielgestaltiges Potenzial. Nirgendwo sonst findet man eine derartige Fülle eleganter Rieslingweine wie an der Mosel. Aber besonders an der Mosel liegen Glanz und Elend eng beieinander: Nur wenige Winzer verstehen es wirklich meisterhaft, die natürlichen Gegebenheiten – tendenziell geringer Alkoholgehalt und hohe Säure – zu einer wohlschmeckenden Symbiose zu formen. Am besten verlässt man sich auf die renommierten VDP-Betriebe, die ihre Spitzenprodukte mit einer langen goldenen Kapsel kennzeichnen.

Den schäumenden Wein hat ein Mönch in Frankreich erfunden, Dom Perignon (1638–1715), Kellermeister eines Klosters in der Champagne. Und so hieß das Produkt denn auch schnell Champagner. Um 1790 aber entstand etwas Neues, Eigenständiges: Schaumwein, der aus Deutschland kam. 1825 erhielt er einen eigenen Namen: Sekt. Zu den vornehmsten Schaumweinen gehörte der »Sparkling Moselle«, der exportiert wurde und von Berühmtheiten in aller Welt getrunken wurde. Auch die französische Prominenz ließ sich wenig später Moselsekt munden, »Mosel mousseux«. Die feinen Kohlensäureperlen wie auch der Geschmack lieben es kühl: Die ideale Trinktemperatur liegt bei 5 bis 8 °C.

Fritz Haag *vom gleichnamigen Weingut in Brauneberg.*

Die Lage *Erdener Prälat zählt zu den weltberühmten Spitzenlagen an der Mosel. Hier ein Erdener Prälat vom Weingut Dr. Loosen.*

Dietmar Busch und Mario Lutter *kredenzen die Moselländische Weinbauernsülze im Restaurant »Alte Mühle« in Kobern-Gondorf.*

Für einen Besuch *im Restaurant »Alte Mühle« sollte man sich viel Zeit lassen, um Essen und Ambiente gebührend genießen zu können.*

Moselländische Weinbauernsülze

Für 10 Personen

- *1 kg Schweinebauch mit Schwarte*
- *Salz*
- *schwarzer Pfeffer aus der Mühle*
- *2 Schalotten, in kleine Würfel geschnitten*
- *150 g Essiggurken, in kleine Würfel geschnitten*
- *1 Bund glatte Petersilie, fein geschnitten*
- *je 1 rote, gelbe und grüne Paprikaschote, in kleine Würfel geschnitten*
- *2 EL gekörnter Senf*
- *1 l Kalbsfond*
- *18 Blatt Gelatine*

1 Den Schweinebauch mit Salz und Pfeffer würzen. In einem Topf mit Wasser bedeckt in 1 1/2 bis 2 Stunden gar kochen. Den Schweinebauch aus dem Sud nehmen und in kleine Würfel schneiden.

2 Die Schweinebauchwürfel mit den Schalotten, den Essiggurken, der Petersilie, den Paprikawürfeln und dem Senf in einer Schüssel vermischen und mit Salz und Pfeffer würzen.

3 Den Kalbsfond in einem Topf aufkochen. Die Gelatine darin auflösen und den Fond abkühlen lassen.

4 Die Schweinebauchmischung in eine Kastenform geben und mit dem Kalbsfond auffüllen. Die Sülze für etwa 5 Stunden in den Kühlschrank stellen.

5 Die fertige Sülze in 1 Zentimeter dicke Scheiben schneiden und portionsweise auf Tellern anrichten. Mit Remoulade und Bratkartoffeln servieren.

Moselländische Weinbauernsülze.

Steinpilzflan an Schnittlauchsabayon mit gebratenem Kaninchenrücken

Für 4 Personen

- *300 g Steinpilze*
- *150 g Butter*
- *1 Zwiebel, in feine Würfel geschnitten*
- *Salz*
- *schwarzer Pfeffer aus der Mühle*
- *Zitronensaft nach Geschmack*
- *einige Tropfen Pernod*
- *1 Knoblauchzehe, zerdrückt*
- *1/4 l trockener Riesling*
- *100 g Sahne*
- *3 Eier*
- *Butter für die Förmchen*
- *4 Kaninchenfilets à 80 g*
- *2 Eigelbe*
- *100 g Schnittlauch, in Röllchen geschnitten*
- *Rosmarinzweige zum Garnieren*

1 Die Steinpilze mit einem feuchten Küchentuch abreiben, putzen und davon 50 Gramm beiseite legen.

2 In der Sauteuse 60 Gramm Butter erhitzen und die Zwiebelwürfel darin glasig braten. 250 Gramm Steinpilze hinzugeben, kurz in der Zwiebelbutter schwenken und mit etwas Salz, Pfeffer und 1 Spritzer Zitronensaft würzen. Mit Pernod abschmecken und die Knoblauchzehe hinzufügen. Die Steinpilzmischung mit 200 Milliliter Wein ablöschen und zugedeckt 5 Minuten dünsten.

3 Den Backofen auf 80 °C vorheizen. Die Pilze abseihen, dabei den Sud auffangen. Die Hälfte des Suds in einem Topf mit der Sahne auf die Hälfte einkochen. Die Steinpilze mit dem Sahnesud und den Eiern im Mixer zerkleinern. Die Masse in 4 gebutterte Timbaleförmchen geben, mit Alufolie abdecken und 20 Minuten im siedenden, nicht kochenden Wasserbad im Ofen garen.

4 In der Pfanne 60 Gramm Butter klären und die Kaninchenfilets darin auf allen Seiten gut anbraten. Salzen und pfeffern. Die beiseite gelegten Steinpilze in der restlichen Butter braten. Mit Salz und Pfeffer würzen.

5 Die Eigelbe mit dem restlichen Weißwein im Wasserbad zur Rose aufschlagen und den restlichen Steinpilzsud vorsichtig unterrühren. Mit Salz und Pfeffer würzen und den Schnittlauch unterheben.

6 Die Flans auf vorgewärmte Teller stürzen und das Schnittlauchsabayon daneben gießen. Die Kaninchenfilets in jeweils 3 Tranchen schneiden und neben die Flans legen. Alles mit den gebratenen Steinpilzen und Rosmarinzweigen garnieren.

Peter Kopowski *entwickelt Kreationen wie Steinpilzflan an Schnittlauchsabayon mit gebratenem Kaninchenrücken im Restaurant »Burg Thurant«. Gemeinsam mit seiner Frau kümmert er sich um das Wohl seiner Gäste.*

Steinpilzflan *an Schnittlauchsabayon mit gebratenem Kaninchenrücken.*

Wohnen und Speisen auf einer Burg – *diesen Wunsch kann man sich im Hotel-Restaurant »Burg Thurant« in Alken erfüllen.*

Von Alexander Oos *aus dem »Wein- & Tafelhaus« stammt das zarte Fischgericht Moselzander auf Rahmkraut mit Rieslingsauce.*

Im Restaurant und auf der Terrasse werden sinnliche Gaumenfreuden aus der französisch-klassischen Küche serviert.

Gebratener Moselzander auf Rahmkraut mit Rieslingsauce und Kartoffel-Schnittlauchpüree

Für 4 Personen

- *700 g Zanderfilet mit Haut*
- *4 EL Speiseöl*
- *50 g Butter*
- *1/2 Zitrone*
- *Mehl*

Rahmkraut

- *400 g fertig gekochtes Sauerkraut mit wenig Brühe*
- *200 ml Sahne*

Rieslingsauce

- *0,1 l Riesling*
- *1/2 Zitrone*
- *0,1 l Fischfond*
- *0,1 l Sahne*
- *50 g Butterwürfel, eiskalt*
- *2 EL geschlagene Sahne*

Kartoffel-Schnittlauchpüree

- *300 g Salzkartoffeln*
- *1 Bund Schnittlauch, fein geschnitten*
- *1/4 l Milch*
- *50 g Butterwürfel*
- *Salz, Pfeffer, Muskat*

1 Zanderfilet auf der Haut zweimal leicht einschneiden. Den Fisch salzen, pfeffern und mit Zitronensaft beträufeln, melieren und in Öl auf der Hautseite anbraten. Nach 2 Minuten den Fisch wenden und auf der Fischseite ca. 2 Minuten braten. Zum Schluss die Butter zugeben und darin fertig braten.

2 Für das Rahmkraut die Sahne in einem Topf etwas einkochen lassen und das Sauerkraut zugeben und erwärmen.

3 Für die Rieslingsauce den Riesling mit Zitronensaft einkochen lassen, Fischfond und Sahne zugeben und ebenfalls auf die Hälfte reduzieren. Mit Salz und Pfeffer abschmecken, die kalten Butterwürfel unter die Sauce rühren und die geschlagene Sahne leicht unterziehen.

Gebratener Moselzander auf Rahmkraut mit Rieslingsauce und Kartoffel-Schnittlauchpüree.

4 Für das Kartoffel-Schnittlauchpüree die gekochten Kartoffeln durch die Kartoffelpresse drücken und in die heiße, mit Salz, Pfeffer und Muskat abgeschmeckte Milch geben. Die Kartoffel-Milchmasse mit einem Schneebesen verrühren und dann die Butter und den Schnittlauch unterrühren.

Kaninchenrücken mit sonnengetrockneten Tomaten gefüllt auf sautierten Zuckerschoten mit Polenta und Preiselbeer-Holunderjus

Für 4 Personen

- *1 kg Kaninchenrücken*
- *60 g sonnengetrocknete Tomaten*
- *Rosmarin, Thymian*
- *100 ml Rotwein*
- *500 ml Brühe*
- *1 Schalotte*
- *200 g Zuckerschoten*
- *Maisgrieß (Polentagrieß)*
- *Preiselbeeren, Holunderpüree*
- *Butter*
- *Salz, Pfeffer aus der Mühle*

1 Kaninchenrücken auslösen, würzen mit Salz und Pfeffer, fein gehackte Kräuter aufstreuen und die Tomaten längs einlegen, einrollen und mit Küchenschnur binden.

2 Knochen etwas in Öl anbraten, klein geschnittenes Wurzelgemüse zugeben, etwas Tomatenmark und alles gut anrösten, mit Rotwein ablöschen und mit Brühe auffüllen, etwas Thymian und Rosmarin dazu geben und köcheln lassen. Den Ansatz um die Hälfte reduzieren, passieren, Preiselbeeren und Holunderpüree zugeben, nochmals reduzieren lassen, abschmecken und kurz vor dem Servieren etwas kalte Butter einrühren.

3 Polentagrieß in Butter anschwitzen, mit Brühe ablöschen und bei geringer Hitze gar ziehen lassen, würzen mit Salz, Pfeffer und Butter.

4 Kaninchenrücken scharf anbraten, die Hitze reduzieren und utner Zugabe von Schalotten, Thymian, Rosmarin und Butter bei ständigem Übergießen garen.

5 Die Zuckerschoten nur kurz durch Butter ziehen, bis sie gar sind und mit Salz und Pfeffer würzen.

6 Zuckerschoten in der Mitte des Tellers anrichten, aufgeschnittenes Kaninchen obenauf leicht mit der Sauce nappieren und eine Nocke Polenta anlegen.

Das Jugendstilhotel *»Bellevue« in Traben-Trarbach ist eine architektonische Kostbarkeit der »Belle Epoque« direkt an der Moselpromenade. Bernhard Tintemann steht hier am Herd und sorgt dafür, dass ein Klassiker unter den Kaninchengerichten mit besonderem Pfiff zubereitet wird.*

Die Moselweinstrasse

Routenbeschreibung

Die 242 Kilometer lange Weinstraße führt von Perl über Trier bis Koblenz am Deutschen Eck. Entlang der Moselweinstraße gibt es zahlreiche Weinlokale, Probierkeller, »Straußwirtschaften«, gemütliche Gasthäuser und erlesene Restaurants, die zum Verweilen einladen. Man kann die Strecke moselab- oder -aufwärts bereisen. Am besten orientiert man sich an den Routenschildern (stilisiertes M mit Trauben auf grünem Grund).

Die nachstehend beschriebene Route beginnt in Igel und endet in Winningen.

In Igel erhebt sich mitten im Ort ein 23 Meter hohes Bauwerk aus der Zeit um 240 n. Chr.: Die »Igler Säule«, ein römisches Denk- und Grabmal, das einst die Brüder Aventinus und Securus, Mitglieder einer Trierer Tuchhändlerfamilie, errichten ließen.

Auf der B49 geht es auf der linken Moselseite weiter nach Trier. Hier kann man 2000 Jahre in einem zweistündigen Stadtrundgang erleben: die dunkel verwitterte Torburg Porta Nigra aus dem zweiten Jahrhundert, die um 300 n. Chr. erbaute Palastaula (Basilika), die Kaiserthermen mit dem unterirdischen Kanalsystem, die Römerbrücke und das Amphitheater aus dem Jahr 100 n. Chr. für 20000 Zuschauer.
Von Trier aus folgt man der B53, um über Klüsserath nach Trittenheim zu gelangen. Hier sollte man bei Alexander Oos in seinem *»Wein- & Tafelhaus«* einkehren. Im Anblick der Mosel kann man ein Küchenfeuerwerk aus französisch-klassischem Stil, Moselbodenhaftung und tirolerischem K.u.K.-Einschlag erleben. Küche und Keller sind eine Fundgrube des guten Geschmacks.
Nach diesen beeindruckenden Genüssen geht es weiter nach Dhron-Neumagen. Der Ort gehört zu den Dörfern an der Mosel, die ihr eigenständiges Gesicht bewahrt haben. Eine Kopie des weltberühmten römischen Weinschiffs steht mitten im Ort an der Hauptstraße.
Nun fährt man die Weinstraße weiter auf der B53 parallel zur Mosel, diesmal rechtsseitig, vorbei an Piesport nach Brauneberg.
Hier lebt Fritz Haag, ein Winzerurgestein an der Mosel. Sein Weingut Dusemonder Hof ist auf klassische, feinfruchtige bis edelsüße Spitzengewächse der Rieslingrebe spezialisiert, die weltweit, besonders nach Japan, exportiert werden. Sohn Thomas tritt in die Fußstapfen seines Vaters. Mit seinem Weingut Schloss Lieser setzt er die Qualitätstradition der Familie überzeugend fort.

Eine Reise in die römische Vergangenheit *wie die Besichtigung der Stadt Trier mit der berühmten Porta Nigra, dem schwarzen Tor, gehört zur Moselweinstraße wie der Wein.*

Weiter auf der Route moselabwärts nimmt der Verkehr auf der Straße zu, auf dem Fluss herrscht reges Treiben, Menschen treten jetzt in Massen auf: Bernkastel-Kues ist die nächste Station an der Moselweinstraße. Es ist aber auch zu schön hier: Das enge Ensemble der bis zu fünf Stockwerke hohen Fachwerkhäuser um den Marktplatz und in den angrenzenden Gassen bewahrt den mittelalterlichen Charakter des Städtchens. Und dann noch die Weinlagen: die »Bernkasteler Badstube« oder der »Bernkasteler Doctor«, die »Wehlener Sonnenuhr« oder der »Kueser Kardinalsberg«. Allein die Namen lassen dem Kenner das Wasser im Mund zusammenlaufen.

Das Weingut Dr. Loosen *in Bernkastel-Kues ist international bekannt und berühmt für seine Spitzenweine. Im Bild Ernst Loosen.*

Etwas außerhalb, direkt an der B53, liegt der »Johannishof«, das Weingut Dr. Loosen. Über 11 Hektar Rebfläche, alles Spitzenlagen wie »Erdener Prälat«, »Erdener Treppchen«, »Ürziger Würzgarten«, »Wehlener Sonnenuhr«, »Bernkasteler Lay« oder »Graacher Himmelreich«. Die Weinprobe nimmt kein Ende.

Weiter führt der Weg nach Ürzig, bekannt durch seine Weine »Würzgarten« und »Goldwingert«. Über Kröv mit der berühmten Großlage »Nacktarsch« kommt man nach Traben-Trarbach, der Jugendstilstadt. An der Moselpromenade grüßt das »Bellevue«. Hier erlebt man Jugendstil pur. Im ganzen Haus ist der Charme und die Eleganz dieser Epoche zu spüren. Nach dem Aperitif in der Jugendstilbar genießt man das Menü im Jugendstilrestaurant und entspannt sich in einem der Jugendstilzimmer. Von Traben-Trarbach ist es nicht weit nach Zell, dem Weinort mit der berühmten Lage »Schwarze Katz«.

Bei Alf wechselt die Weinstraße auf die B49, wo bald das Winzerdorf Bremm erreicht ist. Oberhalb des Ortes führt ein schöner Fußweg durch die Weinberge zum »Bremmer Calmont«, dem mit 72 Prozent Steigung steilsten Weinberg Europas. Etwa knapp zwei Kilometer misst der Calmont, 378 Meter sind es vom Moselufer bis zum bewaldeten Gipfel. Der Ausblick ist faszinierend: rechts unten in Spielzeuggröße Kirche und Häuser von Bremm, links umsäumen flache Rebenfelder die Klosterruine Stuben. Dazwischen zwängt sich der Fluss durch die engste Moselschleife. »Ein Natur-Amphitheater, wo auf schmalen, vorragenden Kanten der Weinstock zum Allerbesten gedeiht« – so beschrieb Goethe dieses Fleckchen Erde. Die Rebstöcke klettern in Miniterrassen bis auf 130 Meter Höhe. 112 (!) Eigentümer und Pächter bewirtschaften die zerklüftete Fläche, nur

Das Geburtshaus *des Reformators Nikolaus von Kues (1401–1464) in Bernkastel-Kues.*

fünf von ihnen verfügen über einen lohnenden Anteil von einem Hektar und mehr. Ulrich Franzen ist einer von ihnen. Sein Weingut zählt zu den besten in Deutschland. »Leichte Möselchen mit dienender Restsüße sind nicht meine Sache. Ich will frische, säurebetonte und gehaltvolle Weine erzeugen«, erklärt der engagierte Winzer. Damit trifft er genau den Geschmack der 30- bis 50-Jährigen, die seine Fangemeinde bilden.

Der nächste Ort an der Moselweinstraße ist Cochem. Von weitem grüßt eine malerische Stadtsilhouette. In der Altstadt begeistern schmale, von Fachwerkhäusern gesäumte Gassen und romantische Treppenaufgänge. Wer wegen der vielen Besucher nichts von allem sieht, sollte mal nach oben schauen: Dort thront wie ein Märchenschloss die Reichsburg. Wem vom Slalom der Moselwindungen schwindelig geworden ist, der kann nun aufatmen.

In leichten Schwüngen folgt die Weinstraße jetzt dem Mosellauf auf der B49 nach **Alken**. Wahrzeichen ist die um 1200 erbaute, restaurierte Burg Thurant mit einem schönen Blick über das Moseltal. Am Moselufer fällt ein dicker Rundturm auf, wo sich einst, als Schiffe noch getreidelt (stromaufwärts gezogen) wurden, die Umspannstation für die Zugpferde befand. Die damalige Einkehr ist heute das Restaurant *»Burg Thurant«*, wo Peter Kopowski äußerst rührig den Kochlöffel schwingt. Seine kreativen, modern gekochten Gerichte harmonieren vorzüglich mit den erlesenen Weinen der Terrassenmosel.

Hoch *über der malerischen Stadt Cochem wacht die Reichsburg.*

Der Beschilderung Moselweinstraße folgend, wechselt man auf Höhe von Gondorf zur B416 und erreicht den Ortsteil **Kobern**. Die mittelalterliche *»Alte Mühle«* unterhalb der Koberner Burgruinen macht einen verwunschenen Eindruck. Die vielen kleinen, liebevoll gestalteten Gaststuben, Höfe und Gewölbe, gruppiert um einen romantischen Mühlengarten, besitzen ein eigenes Flair. Thomas und Gudrun Höreth verstehen sich auf feinbürgerliche Gastronomie und machen so recht Lust auf die edel-rustikalen Spezialitäten des Hauses. Die frische moselfränkische Küche bietet viel Hausgemachtes, vom knusprigen Mühlenbrot über frische Käsesorten bis zu Terrinen und Pasteten. Ein Paradies für Schlemmer.

Langsam geht die Tour auf der Moselweinstraße zu Ende. Auf dem Weg nach **Winningen**, dem letzten Weinort dieser Tour, fährt man unter der höchsten Autobahnbrücke Deutschlands (136 Meter) hindurch. In Winningen angekommen, fühlt man sich verhext. Zentrum des Ortes, wo die Reben auch Häuser und enge Gassen beranken, ist der »Weinhof« mit dem Hexenbrunnen und dem »Hexenkeller«. Ein Weinlehrpfad führt dann auch noch durch die Lage »Weinhex«. Spitzenlage ist jedoch der Terrassenschieferhang »Uhlen«.
In diesem exponierten Terroir hat Richard Löwenstein seine Rebstöcke stehen. Als erster Betrieb an der Untermosel wurde das Weingut Heymann-Löwenstein in den Verband der Prädikats- und Qualitätsweingüter Deutschlands (VDP) aufgenommen. »Nur wer die Wege verlässt, bleibt nicht auf der Strecke«, lautet die Philosophie von Winzer Löwenstein. Mit seinen neuen Ideen galt er lange Zeit als eigenwillig, hat er es doch als erster gewagt, einen absolut durchgegorenen Riesling, mit einer harmonischen Balance zwischen Säure und Süße, auf den Markt zu bringen. Sein Erfolgsrezept: alte Rebstöcke, geringe Erträge und eine schonende Vinifikation. Na denn, ein Prost auf den Moselwein!

Wandern und Radwandern

Die Moselweinstraße bietet nicht nur für motorisierte Gäste ein landschaftlich und kulturell bereicherndes Erlebnis, auch Radwanderer und Wanderer kommen voll auf ihre Kosten. Die Mosel ist eingebettet in die Mittelgebirgslandschaften von Eifel und Hunsrück, und dem Wanderer bieten sich 390 Kilometer Höhenwege zu beiden Seiten des Flusses. Damit der Gast unbeschwert und ohne aufwändige Reisevorbereitungen sein Ziel erreicht, gibt es das Angebot »Wandern ohne Gepäck«.

Parallel zur Moselweinstraße verläuft der Mosel-Radwanderweg durch Weinberge und unmittelbar am Fluss entlang. Die Route ist gut beschildert und wird im Moselland-Radwanderführer ausführlich beschrieben. Auskünfte, Wanderführer und Übersichtskarten erhalten Sie bei: Mosellandtouristik GmbH, Postfach 1310, 54463 Bernkastel-Kues, Tel. 0 65 31/20 91, Fax 20 93.

Weinlehrpfad Winningen

Durch die Fährstraße fahren Sie bergauf und biegen links in die Straße Am Rosenberg ein. Stellen Sie Ihr Auto am Anfang des Lehrpfads ab. Der 40-minütige Fußweg führt Sie an 20 Tafeln vorbei, die über Weinanbau, Rebsorten und Weinverarbeitung informieren. Bänke und ein überdachter Rastplatz laden zum Verweilen ein.

Wo Deutschland endet und Frankreich und Luxemburg beginnen, also im Dreiländereck oder genauer im Saargau, findet sich um Merzig das Apfelland. Eine reizvolle Reiseroute, die Viezstraße, verbindet die kulturellen und landschaftlichen Höhepunkte des Apfellandes. Dieser Weg zu den Genüssen lässt sich mit dem Auto, besser aber noch auf dem Fahrrad oder ganz gemächlich per pedes erleben.

Die Viezstrasse

Das Zeichen der Viezstraße – *ein rot-grünes Apfelsymbol – kennzeichnet die Apfelroute im Dreiländereck.*

Keine andere Frucht *hat einen so symbolhaften Wert wie der Apfel – mit einem Apfel hat Eva Adam verführt. Hier die Darstellung von Lukas Cranach in »Der Sündenfall« (1521).*

Apfelbäume *mit prallen, reifen Früchten im Herbst und mit zartrosafarbenen Blüten im Frühling – so präsentiert sich die Viezstraße.*

Dass der Apfel seit Adam und Eva in der Menschheitsgeschichte eine entscheidende Rolle gespielt hat, ist hinlänglich bekannt. Der so genannte Paradies- oder Adamsapfel ist eine Wildform des Apfels. Die ersten Spuren von Äpfeln wurden jedoch nicht im Garten Eden, sondern in der Schweiz entdeckt. An den Ufern der Schweizer Seen, dort, wo früher Pfahldörfer standen, haben Archäologen in der konservierenden Moorerde die ältesten Kulturäpfel, die so genannten Pfahlbauäpfel, gefunden. Die Experten schätzen ihr Alter auf über 5000 Jahre.

Diese Früchte müssen sehr sauer gewesen sein und hatten, ähnlich der Hagebutte, wenig Fruchtfleisch und viel Kerngehäuse. Trotzdem sagten diese wilden Äpfel den Menschen offenbar zu. Diese Urform des Wild- oder Holzapfels gibt es nach wie vor: der Strauchapfel (pirus punenta) wächst in den Wäldern des Kaukasus. Der Wildapfel wurde zunächst durch einfache Auslese der besten Typen weiterentwickelt. Die ersten gezüchteten Kulturäpfel in Europa entstanden in den mittelalterlichen Klostergärten aus einer Kreuzung des wilden Holz- und des Paradiesapfels.

Aber zurück zu den Anfängen. Zur Zeit Ramses II. (1292–1225 v. Chr.) gelangte der Apfel über Syrien nach Ägypten, wo er im fruchtbaren Nildelta angepflanzt und kultiviert wurde. Äpfel zählten zum Tafelobst der Priesterkönige. Noch vor Christi Geburt erreichten sie dann Griechenland, wo sie bereits in die Literatur eingingen. Homer beschreibt in der Odyssee, dass im Garten des Leartes neben Birnen und Feigen auch Äpfel wuchsen. Schließlich gelangten verschiedene Sorten in den Beuteln römischer Legionäre auch in unsere Gefilde. Tacitus erwähnt »abel« (Apfel) in seiner »Germania«.

Rund 30 Apfelsorten verbreiteten die Römer nördlich der Alpen. Die veredelte Frucht heißt im Französischen »pomme«, im Lateinischen »pomum« und im Griechischen »melon«. Die

Germanen übernahmen den Namen ihrer auf dem wilden Holzapfelbaum wachsenden Frucht und übertrugen ihn auf die römischen »Tafeläpfel«. So blieb trotz der Etablierung des römischen Obstbaus der Name »Apfel« als einheimischer, altbekannter Name dieser Fruchtart erhalten.

Nach und nach nahm die deutsche Obstzucht eigene Gestalt an. Bereits im achten Jahrhundert wurden verschiedene Apfelsorten nach süddeutschen Orten benannt. Sie hießen beispielsweise »Gozmaringa« oder »Geroldinga«. Bis in die heutige Zeit hat sich aber nur der »Borsdorfer« gehalten. Er wurde nachweislich im Klostergut Borsendorf bei Dornburg an der Saale von Zisterziensern gezogen. In der von Karl dem Großen herausgegebenen »Capitulare de villis«, einer Verordnung für Gemeinden, sind die genannten Apfelsorten aufgeführt. Die große Bedeutung des Apfels ergibt sich auch daraus, dass immer, wenn in den Capitularen von einem Pomarium die Rede ist, allgemein ein Obstgarten gemeint ist. Tatsächlich ließ Karl der Große ganze Apfelplantagen anlegen. Und seitdem ist der Apfel das meistverbreitete Kernobst in Deutschland geblieben.

Im Deutschen ist »Apfel« ein umgangssprachlich bedeutsamer Begriff, präsent in Sprichwörtern wie »Der Apfel fällt nicht weit vom Stamm« oder »In den sauren Apfel beißen«. Er ist eingegangen in Wortschöpfungen wie »Apfelschimmel«, »Pferdeapfel« und »Zankapfel«, in Städtenamen wie Affalterbach oder Affaltrach, findet sich in der Anatomie in »Augapfel« und »Adamsapfel« und hat nicht zuletzt im 17. Jahrhundert der Apfelsine ihren Namen verliehen, bedeutet das niederländische »appelsien« doch »Apfel aus China«. Schon in den antiken Kulturen symbolisierte der Apfel Leben, Fruchtbarkeit und Verjüngung. Aphrodite und ihr römisches Pendant Venus, Demeter und Dionysos, Gaia, Iduna, Ischtar und Hathor: Sie alle wurden mit dem Apfel in Verbindung gebracht. In Literatur und Traumsymbolik stand der Apfel häufig für die weibliche Brust. Bei Griechen und Römern galten Äpfel als Liebesgabe und das Werfen mit Äpfeln bedeutete Flirt. Bei den pythischen Spielen erhielten die Sieger als Preis einen Apfel, und die Insel Melon verdankt ihren Namen ihrer apfelähnlichen Gestalt. Die Germanen erweiterten noch einmal das Bedeutungsspektrum des Apfels, indem sie ihn neben dem Leben und der Fruchtbarkeit mit der Symbolik des Todes in Beziehung setzten, was sich dann auch auf die christliche Interpretation dieser ursprünglich heidnischen Frucht auswirkte.
Zudem wird die Kugelform des Apfels als Sinnbild für die Vollkommenheit des Kosmos und der Erde verstanden. Den Reichsapfel, der als Symbol des gottgewollten Herrschers gilt, gibt es mit Sicherheit seit Heinrich II. Denn Papst Benedikt VIII. ließ für dessen Kaiserkrönung im Jahre 1014 einen

In Holzfässern *gärt der Apfelsaft bei den Obstbauern zu Viez, dem Apfelwein.*

Der Reichsapfel *ist das Symbol der göttlichen Weltordnung – also der gerechten, wohl geordneten, gesetzmäßigen und verantwortungsbewussten Verwaltung eines anvertrauten Gutes. Kaiser und Könige hielten als Zeichen ihrer Herrschaft und Waltung in der linken Hand den Reichsapfel. Im Gegensatz dazu wurde das Zepter, das die Befehlsgewalt ausdrückte, in der rechten Hand gehalten. Zu den Insignien der deutschen Kaiser gehörte ebenfalls ein Reichsapfel. Dieser war durch Bänder kreuzweise geteilt und trug außerdem oben noch ein Rechtskreuz, dessen Arme im Dreiblatt endeten. Das hier abgebildete goldene, mit Edelsteinen verzierte Exemplar stammt aus dem 12. Jahrhundert.*

Frisch gepresster Fruchtsaft *wird in riesigen Edelstahltanks aufgefangen, bevor der Saft in Flaschen abgefüllt wird.*

Fließbandarbeit: *Vollautomatisch wird der Saft in der Abfüllanlage in die absolut sauberen Flaschen gefüllt.*

Vor der Abfüllung *in Flaschen wird eine Saftprobe aus dem Tank genommen.*

Merziger Apfelsaft *bürgt für Qualität.*

Reichsapfel anfertigen, der von einem reich mit Edelsteinen besetzten Reif umspannt und mit einem goldenen Kreuz geschmückt war.

Rechtliche Bedeutung kommt im Mittelalter der so genannten »Apfelprobe« zu: Um die Zurechnungs- bzw. Richtfähigkeit eines Kindes zu prüfen, wurde ihm ein Apfel und Geld zur Wahl angeboten.

Bei vielen Volksbräuchen spielt der Apfel eine wichtige Rolle: beim Liebeswerben und bei Hochzeitsritualen, als Orakel an Weihnachts- und Neujahrsabenden und als Medizin. Das hohe Alter der Apfelbäume ist vielleicht die Ursache für die zahlreichen Märchen und Aberglauben, die Baum und Frucht zum Thema haben.

In der alten bäuerlichen Gesellschaftsordnung gehörten Wiese, Wald und Weide der ganzen Gemeinde. Um das teilweise brachliegende Land zu nutzen, wurde es mit Obstbäumen bepflanzt. Und da stehen sie meist noch heute, in der Regel Mostobstbäume, die weniger Pflege erfordern als die Tafelobstbäume. Die von den Bauern oft vernachlässigten Bäume stehen verstreut in der Gegend herum. Sie säumen Wege und Straßen, wurzeln in steilen Böschungen, belegen Plätze, die man vornehmeren Obstbäumen nicht mehr zumuten möchte. Kaum, dass ein Landmann sich die Mühe macht, die Bäume zu düngen oder gar zu beschneiden. Man überlässt die Bäume einfach sich selbst, weil das eben am billigsten ist.

Die mangelnde Pflege bringt aber auch Vorteile: das Obst bleibt vollkommen rein. Kein Bauer käme nämlich auf die Idee, zur Spritze zu greifen, um die Bäume vor Schädlingsbefall zu schützen. Außer Staub und Regen fällt also nichts auf die Schale, und so verdirbt die Chemie nicht den Charakter der unwiderstehlichen Frucht.

In vielen Regionen, auch im Saargau, hat man in Sachen Streuobstwiesen umgedacht und sich der langen Tradition dieser Bewirtschaftungsweise erinnert. Streuobstwiesen sind heute ein wertvoller Lebensraum, ein prägendes Element der Kulturlandschaft und damit ein unverzichtbares Kulturgut. So zeigen sich heute die Streuobstbestände als regelmäßige oder unregelmäßige Anpflanzungen von Hochstamm-Obstbäumen in Gärten, auf Wiesen und auf Weiden (Streuobstwiesen) sowie auf ackerbaulich genutzten Flächen (Baumäcker). Sie setzen als Einzelbäume, kleine Baumgruppen, als Baumreihen oder in Form von großflächigen Pflanzungen auf Wiesen und Weiden sichtbare Akzente in der Landschaft.

Mehr als 200 000 Hochstamm-Obstbäume stehen in der »Appelkeschd« in der freien Flur. Apfelbäume dominieren mit einem Anteil von fast zwei Dritteln. Auf den ersten Blick meint man, dass Birnbäume die zweite Position erreichen, da sie als Wegrandbäume sofort auffallen. Tatsächlich sind es jedoch die Pflaumenbäume, die (mit 17 Prozent) den zweiten Platz halten, gefolgt von Birne, Süßkirsche, Mirabelle und Sauerkirsche. 40 Prozent der Bäume stehen im Vollertrag. Auffallend ist, dass bei den Neuanpflanzungen die Buschformen bevorzugt werden. Mit dem Streuobstanbau lässt sich auch auf so genannten Grenzertragsböden ein ansehnlicher Ertrag erzielen. Der Umgang mit den robusten Bäumen erfordert wenig Fachwissen. Um den Erhalt dieser Obstwiesen zu sichern, sie vor der Verbuschung zu bewahren und eine reiche Ernte zu erzielen, bedarf es jedoch einer kontinuierlichen Pflege. Neben ihrer wirtschaftlichen Bedeutung erfüllen Streuobstwiesen eine weitere wichtige Funktion: Die Kombination aus Hochstamm-Obstbäumen und extensiver Unternutzung bietet in der offenen Landschaft wertvollen Lebens- und Rückzugsraum für zahlreiche bedrohte Tier- und Pflanzenarten. Streuobstwiesen gehören zu den artenreichsten Lebensräumen Mitteleuropas. Und ein weiterer Aspekt, der für die Streuobstwiesen spricht, ist natürlich der Erholungseffekt, der einsetzt, wenn man die Schönheit ihrer vielfältigen Strukturen auf sich wirken lässt.

Der ideale Apfel sollte widerstandsfähig sein, nicht zu hohe Ansprüche an Klima und Boden stellen, durch gutes Aroma überzeugen und mit einer Vielfalt an Verwendungsmöglichkeiten brillieren. Er sollte sich gut verbacken, entsaften oder anderweitig in der Küche einsetzen lassen. Alte Apfelsorten erfüllen

Sorte	Aussehen und Geschmack	Ernte
Klarapfel	Hellgelb, frisch, saftig, leicht säuerlich	Juli–August
Geflammter Kardinal	Hellgelb mit roten Streifen, saftig, erfrischend	September–Oktober
Schöner von Boskoop	Grünlich gelb bis rot, saftig, säuerlich, Lagerapfel	November
Goldrenette (Berlepsch)	Goldgelb bis orange, sehr saftig, aromatisch	Oktober
Wintergoldparmäne	Gelb-rötlich, nicht saftig, würzig-süßes Aroma	September
Gravensteiner	Gelb, rot geflammt, sehr saftig, edles Aroma	August–September
Cox Orange	Gelb-rot, saftig, edles Aroma	September–Oktober

Egal wohin das Auge blickt: *entlang der Viezstraße sieht man die Streuobstwiesen.*

Die Einheimischen nennen die Gegend der Streuobstwiesen liebevoll »Äppelkeschd«. Nahezu alle Apfelsorten gedeihen hier aufs Beste. Und so ist es von jeher Tradition, das Obst zu Viez oder zu edlen Schnäpsen weiterzuverarbeiten, gemäß dem Wahlspruch der Saarländer: »Eener trinke!«

Traditionell *wird der Viez in Tonkrügen serviert, die das Getränk auf der richtigen Trinktemperatur halten.*

In den Orten *an der Viezstraße trifft man sich zu einem erfrischenden Schoppen Viez.*

diese Kriterien durchaus. Ihre Sortenvielfalt ist beeindruckend, vielgestaltig sind die Reife- und Genussreifezeiten und abwechslungsreich die unterschiedlichen charakteristischen Düfte, Formen und Größen. Selbst natürliche Obstsäuren, wichtig für die Wein- und Mostbereitung, sind in alten Sorten ausreichend vorhanden. Im ökologischen Erwerbsanbau konnten sich von den alten Apfelsorten überregional nur ein paar wenige Sorten wie Boskoop, Berlepsch, Cox-Orange und Goldparmäne halten.

Zu den Kelteräpfeln gehören alle spätreifenden Sorten mit hohem Säure- und Zuckergehalt, beispielsweise der Trierer Weinapfel (Holzapfel), Bitterfelder, Borsdorfer, Gewürzluike, Renetten, Brettacher, Goldparmäne und einige Lokalsorten.

»Wie uns die gütige Natur das schätzbare Obst zu mancherley Speise, wie auch zu einem sehr geistigen Trank dienlich eingerichtet hat, so lässt sich auch ein recht guter und gesunder weiniger Trank daraus bieten. Der Apfelwein ist ein wichtiger Nuzzen aus der Baumzucht, und ohne diesen bereiten zu können, würden wir bey dem reichen Segen manches Jahr nicht wissen, wo mit hin?« Dieser Auszug aus dem Handbuch über die Obstbaumzucht von Christ (1794) entspricht fast der heutigen Situation des Anbaus von Mostobst und des ständig steigenden Verbrauchs von Apfelwein.

Produktion und Konsum von Apfelwein sind regional begrenzt. Typische Zentren findet man unter verschiedenen Namen in den Gebieten Hessen (Äppelwoi), Mittelmain (Mouscht), Württemberg (Moscht), Westerwald (Schemmer) und Mosel-Saar (Viez).

In den Jahren des Wohlstandes wurde der Viez zu einem »Armeleutegetränk« herabgesetzt und kam erst durch die »Gesundheitswelle« wieder zur Geltung. Die Herkunft des Namens Viez ist nicht genau geklärt. Eine gern gebrauchte Namensdeutung im Saarland ist die: Als die Römer an die Mosel und Saar kamen, gab es hier noch keine Reben, und bis die von ihnen gepflanzten Traubenstöcke Früchte trugen, wollten die Kerle ja auch etwas (Alkoholisches) zu trinken haben. Also vergoren sie statt der fehlenden Trauben die reichlich vorhandenen Äpfel und brauten ihren Ersatzwein, den »vize vinum«.

Viele Deutungsmöglichkeiten kommen aus dem Lateinischen: Als Erstes bietet sich das Adjektiv »vetus« an, was alt bedeutet. Apfelwein war nach einem Jahr trinkbar, im Gegensatz zu dem jungen Wein, dem »mustum« – Most, der erst nach zwei Jahren Lagerung bekömmlich wurde. Eine weitere Deutung ist das Wort »Viaticum«, das bei den Römern die Wegzehrung in Form des leicht bekömmlichen und den Durst löschenden Apfelweins bezeichnete. Die bekannteste Deutung bezieht sich allerdings auf das Wort »vize« oder »vicarius«, was bedeutet, »es steht an der Stelle einer

In der Brennerei Thomas Streit *in Wellingen bei Merzig werden auserlesene Obstschnäpse gebrannt.*

Person oder Sache«. Es ist sehr wahrscheinlich, dass die römischen Soldaten den Apfelwein aus Ersparnisgründen anstelle des Weins erhalten haben. Erst während der französischen Besatzungszeit von 1794 bis 1814 taucht der Name »Cyder« auf. In dieser Zeit haben die Franzosen sehr viel für den Mostobstanbau getan.
Der Name Viez kann zu den Zeiten Napoleons ein endgültiger Begriff geworden sein. Im Stift der Hospitien erhielten die Kranken zum Essen Wein. Doch der wurde nur an Sonn- und Festtagen ausgegeben, während werktags Apfelwein getrunken wurde, der den Namen »Vieze« erhielt, was die Bedeutung »an zweiter Stelle« oder »Ersatz« hatte.

Wo viele Obstbäume eine Landschaft verschönern, wird auch Höherprozentiges hergestellt. Deshalb gibt es kaum einen Ort an der Viezstraße, der nicht wenigstens eine Schnapsbrennerei vorweisen kann.
Natürlich existieren neben den bekannten Edelschnäpsen noch weitere, beispielsweise aus Schlehen, dazu verschiedenste Liköre und der Apfelbrand (hier Trester genannt). Es werden allerdings auch regionale Besonderheiten angeboten,darunter die Quitte und die Mispel, der so genannte Hundsärsch (mespilus germanica). Dieses Kernobstbäumchen mit grau glänzender Rinde und weißen Blättern gehört botanisch zur Familie der Rosaceen (Rosengewächse), zu denen auch der Apfel- und der Birnbaum zählen. Der Name »Hundsärsch« dürfte auf die Ähnlichkeit der Frucht mit dem Hinterteil des Vierbeiners zurückzuführen sein.

Mispeln *werden zunehmend wieder in der Viezgegend angebaut und dort zu »Hundsärsch«, Mispelschnaps, gebrannt.*

Eingeführt wurde die Mispel von den Römern, die sie als Heilpflanze kannten: Aus ihren getrockneten Blüten wurden Aufgüsse bereitet. Im Mittelalter wurden aus den Früchten heilkräftige Essenzen gewonnen. Später entstand dann das Destillat. Als Medizin innerlich angewandt, gilt Mispelschnaps als vorzügliches Beruhigungsmittel und soll gegen fast alle Krankheiten helfen.
Durch die Römer, aber auch durch die natürliche Ausbreitung fand der Mispelbaum seinen Weg aus dem südeuropäischen und vorderasiatischen Raum bis in den Saargau. Durch das Rhônetal, das Burgund und über das Plateau von Langres gelangte die Pflanze in die warmen Schluchtwälder im Oberlauf von Marne, Maas und Mosel und endlich in das Saartal.

Im Plantagenanbau heutzutage wird das Reis der Originalpflanze auf Rotdorn als Stammbildner veredelt. Dadurch wird die Frucht etwas dicker und somit auch die Ernte ergiebiger. Vor der Ernte ist ein starker Frost erforderlich, damit es zu höherer Zuckerbildung kommt.
Übrigens: Zur Herstellung von einem Liter edlen Mispelbrands braucht man etwa 20 Kilogramm Früchte!

Traditionsbetriebe *wie die Schnapsbrennerei Streit in Wellingen stellen seit Generationen Spitzenbrännte her.*

Der »Hundsärsch«, *ein relativ neu entwickelter Schnaps aus Mispeln, von der Brennerei Alfons Rintinger.*

Charles Keff *kocht auf der französischen Seite der Mosel in der unverkennbar lothringischen Gegend.*

... und ebenso kocht Jean-Philippe Guerreiro *in der »Auberge de la Klauss«. Das beweist ein Gericht wie Gebratene Entenleber mit karamellisierten Äpfeln.*

Gebratene Entenleber mit karamellisierten Äpfeln

Für 4 Personen

- *60 g Zucker*
- *1 cl Apfelessig*
- *2 cl Gewürztraminer*
- *1/2 l Kalbsfond*
- *1 EL Honig*
- *Salz, Pfeffer aus der Mühle*
- *90 g eiskalte Butter*
- *500 g frische Entenleber*
- *4 mittelgroße leicht säuerliche Äpfel, in Spalten geschnitten*
- *1 cl Calvados zum Flambieren*

1 Für die Sauce 40 Gramm Zucker mit etwa 2 Esslöffeln Wasser hell karamellisieren und mit dem Apfelessig ablöschen. Die Mischung etwas einkochen lassen und den Weißwein aufgießen.

2 Alles nochmals einkochen lassen, dann den Kalbsfond und den Honig einrühren und den Sud mit Salz und Pfeffer würzen.

3 Den Sud erneut reduzieren und zum Schluss 40 Gramm eiskalte Butter mit dem Stabmixer in die Sauce einarbeiten, so dass sie leicht andickt.

4 Die Entenleber in 1 Zentimeter dicke Scheiben schneiden. Mit Salz und Pfeffer würzen. In der Pfanne 30 Gramm Butter aufschäumen und die Leber darin etwa 1 Minute anbraten, dann warm stellen.

5 In einer zweiten Pfanne die übrige Butter schmelzen. Die Äpfel in die Pfanne geben und mit dem übrigen Zucker bestreut etwa 5 Minuten dünsten.

6 Die karamellisierten Äpfel abschließend mit Calvados flambieren. Auf den Tellern einen Saucenspiegel anrichten. Die Leber mit den Äpfeln darauf setzen und servieren. Dazu wird helles Bauernbrot gereicht.

Gebratene Entenleber mit karamellisierten Äpfeln.

Apfelkrusteln auf Vanillesauce mit Zimteis

Für 4 Personen

Apfelkrusteln

- *250 g Äpfel (Boskoop), geschält und in kleine Würfel geschnitten*
- *Saft von 1/2 Zitrone*
- *40 g Butter*
- *40 g Puderzucker*
- *1 Prise Zimt*
- *1 Vanilleschote*
- *40 g Biskuitbrösel*
- *40 g gemahlene Mandeln*
- *2 Eiweiß*
- *100 g Filloteig*
- *Öl zum Frittieren*
- *Zimt und Zucker zum Bestreuen*

Vanillesauce

- *1 Vanilleschote*
- *1/8 l Milch*
- *125 g Sahne*
- *50 g Zucker*
- *3 Eigelbe*

Zimteis

- *500 g Sahne*
- *2 Zimtstangen*
- *100 g Zucker*
- *7 Eigelbe*

1 Für das Zimteis die Sahne mit den Zimtstangen aufkochen. Vom Herd nehmen und über Nacht ziehen lassen.

2 Am nächsten Tag die Zimtstangen herausnehmen und die Sahne mit dem Zucker aufkochen. Die Eigelbe in einer Schüssel im heißen Wasserbad mit etwas Sahne verrühren. Die restliche Sahne zugeben und alles so lange unter Rühren erhitzen, bis die Mischung etwas eindickt. Die Masse dann durch ein feines Sieb passieren, abkühlen lassen und in der Eismaschine gefrieren.

3 Für die Vanillesauce die Vanilleschote aufschlitzen und das Mark herausschaben. Die Milch mit der Sahne, dem Zucker, dem Vanillemark und der Vanilleschote aufkochen. Die Vanilleschote entfernen.

4 In einer Schüssel im heißen Wasserbad 3 Eigelbe mit etwas Vanillemilch verrühren. Die restliche kochende Vanillemilch dazugießen und alles so lange unter Rühren erhitzen, bis die Sauce etwas andickt. Anschließend durch ein Sieb passieren.

5 Für die Apfelkrusteln die Apfelwürfel mit dem Zitronensaft vermischen. Die Butter mit dem Puderzucker und dem Zimt schaumig rühren. Das Vanillemark, die Biskuitbrösel und die Äpfel unterrühren.

6 Aus der Masse Knödel formen und diese in den Mandeln wenden. Eiweiß halbsteif aufschlagen.

7 Den Filloteig in 1 Zentimeter breite Streifen schneiden. Die Knödel im Eiweiß wälzen und in Filloteigstreifen wickeln. Das Öl auf 180 °C erhitzen und die Knödel darin goldbraun frittieren.

8 Die Apfelkrusteln mit Zimtzucker bestreuen und sofort mit dem Eis und der Vanillesauce angerichtet servieren.

Christian Bau *im Hotel-Restaurant »Schloss Berg« in Nennig kreiert zwei-Sterne-gerecht aus Äpfeln einen süßen beliebten Klassiker für Gourmets.*

Apfelkrusteln *auf Vanillesauce mit Zimteis.*

Ein Besuch *im Hotel-Restaurant »Schloss Berg« bedeutet, beste kulinarische Spezialitäten der Region in gehobenem Ambiente genießen.*

Michael Buchna *kocht im Landidyllhotel »Zur Saarschleife« gefüllte Perlhuhnbrust mit Steinpilzmousse auf Apfel-Bettseicher-Salat.*

Verwöhnen auf saarländische Art: *das garantiert das Landidyllhotel »Zur Saarschleife« in Orscholz.*

Gefüllte Perlhuhnbrust mit Steinpilzmousse auf Apfel-Bettseicher-Salat

Für 4 Personen

Steinpilzmousse

- *20 g Butter*
- *125 g frische Steinpilze, in Stücke geschnitten*
- *150 g Perlhuhnfleisch, in Stücke geschnitten*
- *60 g Sahne*
- *2 cl Weinbrand*
- *Salz, Pfeffer aus der Mühle*

Perlhuhnbrust

- *1 Schweinenetz, 200 g*
- *4 Perlhuhnbrustfilets, je etwa 200 g*
- *Salz, Pfeffer aus der Mühle*
- *200 g Blattspinat, blanchiert*

Apfel-Löwenzahn-Salat

- *400 g junge Löwenzahnblätter*
- *30 g Butter, 80 g Speckwürfel*
- *1 Apfel, in feine Würfel geschnitten*
- *10 g Dijonsenf*
- *4 cl Viezessig, ersatzweise Apfelessig*
- *60 ml Olivenöl*
- *Salz, Pfeffer aus der Mühle*

1 Für die Steinpilzmousse die Butter erhitzen. Die Steinpilze darin anbraten und abkühlen lassen. Das Perlhuhnfleisch und die Hälfte der angebratenen Steinpilze mit Sahne, Weinbrand, Salz und Pfeffer im Mixer zu einer feinen Farce verarbeiten.

2 Für die Perlhuhnbrustfilets den Backofen auf 200 °C vorheizen. Das Schweinenetz 1 Stunde wässern und abtropfen lassen. Das Fleisch mit Salz und Pfeffer würzen und von der Brustspitze aus mit einem scharfen Messer der Länge nach eine Tasche einschneiden. Die Steinpilzmousse mit dem Spritzbeutel hineinfüllen.

3 Die Perlhuhnbrüste mit Blattspinat bedecken und im Schweinenetz einschlagen. Im Ofen 2 Minuten garen. Die Temperatur auf 160 °C reduzieren und die Perlhuhnbrüste weitere 12 bis 15 Minuten garen.

Gefüllte Perlhuhnbrust mit Steinpilzmousse auf Apfel-Bettseicher-Salat.

4 Für den Apfel-Löwenzahn-Salat die Löwenzahnblätter waschen und in 3 Zentimeter lange Stücke schneiden. Die Butter erhitzen, die Speck- und Apfelwürfel darin andünsten und abkühlen lassen. Mit Senf, Viezessig, Olivenöl und 2 Esslöffeln Wasser vermischen. Salzen, pfeffern und zu einem Dressing aufschlagen. Mit dem Apfel-Löwenzahn-Salat mischen.

5 Auf Wunsch noch 1 bis 2 gekochte Kartoffeln unter das Dressing drücken und frische Kräuter unterrühren.

6 Den Apfel-Löwenzahn-Salat auf Tellern anrichten. Die Perlhuhnbrustfilets aufschneiden und darauf setzen. Mit den restlichen Steinpilzen garnieren.

Rote-Bete-Suppe

Für 4 Personen

- *1 EL Butterschmalz*
- *40 g Zwiebeln, in Würfel geschnitten*
- *250 g Rote Bete, geschält und in Stücke geschnitten*
- *1 mittelgroße, mehlig kochende Kartoffel, in Würfel geschnitten*
- *1 Lorbeerblatt*
- *2 Nelken*
- *3/4 l Milch*
- *250 g Sahne*
- *Salz*
- *schwarzer Pfeffer aus der Mühle*
- *geriebene Muskatnuss*
- *100 g Seeteufel*
- *3 EL Olivenöl*
- *4 TL Crème fraîche*
- *Schnittlauch zum Garnieren*

1 Das Butterschmalz in einem Topf erhitzen und die Zwiebeln darin anschwitzen. Die Rote-Bete- und die Kartoffelwürfel, das Lorbeerblatt und die Nelken zugeben. Alles mit Milch auffüllen und bei mittlerer Hitze 20 Minuten kochen.

2 Lorbeerblatt und Nelken entfernen. Die Suppe mit dem Stabmixer fein zerkleinern und durch ein Haarsieb passieren. Die Sahne einrühren und die Suppe mit Salz, Pfeffer und Muskat abschmecken.

3 Den Seeteufel in 8 Stücke schneiden. Mit Salz und Pfeffer würzen. Das Olivenöl in einer Pfanne erhitzen und die Seeteufelstücke darin anbraten.

4 Je 2 gebratene Seeteufelstücke in einen Suppenteller geben. Die Rote-Bete-Suppe einfüllen und mit Crème fraîche und Schnittlauch garniert servieren.

Martina Koster *ist für die kulinarische Seite im Hotel-Restaurant »Birkenhof« verantwortlich. Ihr Können beweist sie unter anderem mit einer raffinierten Rote-Bete-Suppe. Die Produkte bezieht sie weitestgehend vom elterlichen Bauernhof.*

Vom Landgasthaus *»Birkenhof« in Sinz aus lässt sich die Viezstraße wunderbar erkunden.*

Die Viezstrasse

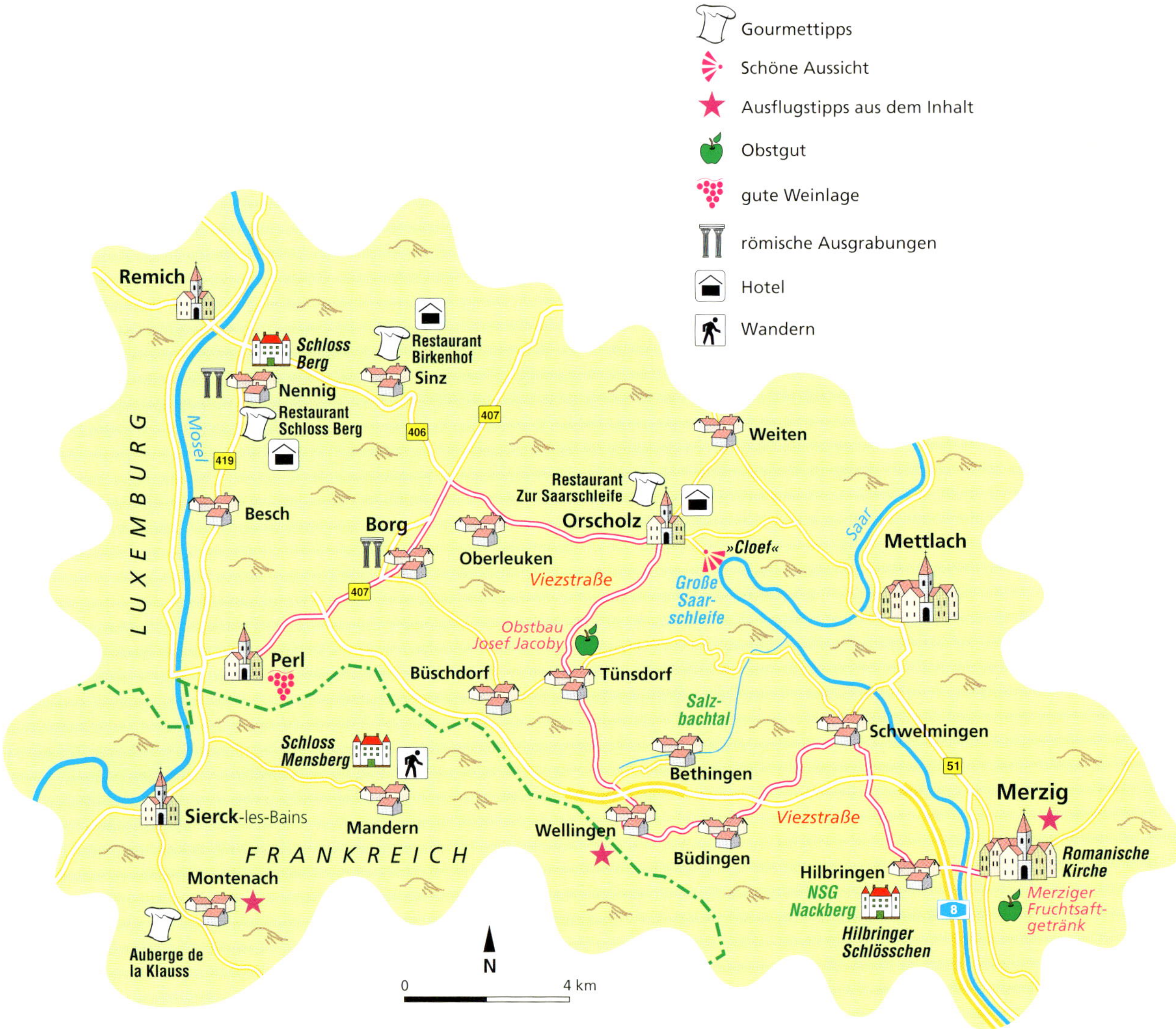

Routenbeschreibung

Links und rechts der Viezstraße gibt es fünf Teilabschnitte, die sich bestens für reizvolle Wanderungen anbieten.
Die hier beschriebene Route hält sich an relativ verkehrsarme Nebenstraßen (Teile der Viezstraße) von Merzig bis Nennig.

Bevor man sich in **Merzig** der Ausschilderung »Viezstraße« oder »Route du cidre« mit dem Viezlogo folgend auf den Weg macht, sollte man in dem Städtchen ein wenig verweilen.
Bei einem Bummel durch die Fußgängerzone trifft man auf das barocke Staadt-Marxsche Bürgerhaus, dann auf das Stadthaus, einen Spätrenaissancebau mit barocker Freitreppe, die im Oktober zur Bühne für das Merziger Viezfest wird. Sozusagen ein »Krönungsort«, denn hier wird alljährlich die Viezkönigin präsentiert. Die Kirche St. Peter, das wichtigste romanische Bauwerk im Saarland, lohnt ebenfalls einen Besuch.

Die Kirche St. Peter *in Merzig ist das bedeutsamste romanische Bauwerk im Saarland.*

Wer Lust hat, kann sich in den Kammerforst begeben und den Merziger Wölfen einen Besuch abstatten. Dort trifft man Werner Freund, einen international anerkannten Wolfsforscher. In großen getrennten Gehegen leben die verschiedenen Rudel – europäische Grauwölfe, kanadische Timberwölfe und weiße Alaska-Wölfe – fast wie in der Wildnis.
Nicht wild, aber geschäftig geht es zu, wenn die Obstbauern im Herbst ihre Äpfel zum »feinsten Saftladen Deutschlands« bringen. Die Merziger Fruchtsaftgetränke führt die alte Tradition des Apfelkelterns fort. Der Großverbrauch setzt allerdings riesige saubere Edelstahltanks voraus, die alten Holzfässer der ländlichen Viezkeller reichen nicht.

Von Merzig geht es nun auf der Viezstraße zunächst nach **Hilbringen**, wo man sich im Naturschutzgebiet »Nackberg« die Füße vertreten oder einen Blick auf das »Hilbringer Schlösschen« werfen kann.

Die »Steine an der Grenze« *in Wellingen bezeichnen ein Bildhauer-Symposium, bei dem Werke internationaler Künstler zwischen alten deutschen und französischen Grenzsteinen ausgestellt sind.*

Über **Schwelmingen** und **Büdingen** geht es nach **Wellingen**. Jetzt sollte man sich etwas Zeit nehmen und das Bildhauersymposium »Steine an der Grenze« erkunden. Ein wuchtiges, himmelragendes Steintor am Feldrain, ein klobiges Felsdach für einen alten Grenzstein, eine kantige Pyramide auf einem Ackerhügel: Beim Grenzweg-Spaziergang wird man mit moderner Kunst konfrontiert.
Auf beiden Seiten der alten Grenzsteine zwischen Deutschland und Frankreich liegen oder erheben sich 26 Werke von Bildhauern aus 13 Ländern. Viel Freiheit für eigene Gedanken lässt die schlichte Formensprache der Künstler, die hier zwischen 1986 und 1992 arbeiteten. Die Steine sollte man nicht nur betrachten, sondern auch berühren, ihre Konturen, Strukturen, Einkerbungen mit den Fingern ertasten und durch ihre Höh-

lungen hindurchsehen. Dabei ergeben sich überraschende Perspektiven. Ein Abenteuerspielplatz für die Phantasie!

Wer noch Lust zum Wandern hat, sollte in Bethingen sein Auto stehen lassen und das liebliche Salzbachtal kennen lernen. Und was wäre die Viezstraße ohne eine kleine Exkursion in Sachen Apfel?

Ausgrabungen und die originalgetreue Rekonstruktion einer villa rustica mit Herrenhaus und Villenbad. Das Inventar und technische Details wurden nach antiken Vorlagen exakt nachgebaut.

Über Perl, den einzigen Weinbauort des Saarlands, geht es bei einem Abstecher über die französische Grenze nach Montenach mit seinem Orchideen-Biotop. An den

Weltberühmt *und immer wieder sehenswert ist die Saarschleife bei Mettlach – angeblich die schönste Stelle an der Saar.*

In Tünsdorf wartet ein Spezialist auf interessierte Besucher: Josef Jacoby. Er weiß nicht nur alles über den Obstanbau in der »Äppelkeschd«, er öffnet auch gern seinen Keller und lässt Viez, »Äppelprickler« (Apfelsekt) und Apfellikör probieren.

Ein Katzensprung ist es von hier nach Orscholz zur berühmten »Cloef«, 200 Meter hoch über dem Saartal. Von diesem steil aufragenden Aussichtsfelsen hat man den schönsten Blick auf das waldgesäumte Naturwunder Saarschleife. Im Hotel-Restaurant *»Zur Saarschleife«* präsentiert Chefkoch Michael Buchna eine frische, hochwertige Küche mit Produkten aus der Region.

Nächste Station auf der Viezstraße ist Borg mit seiner römischen Villa. Eindrucksvoll präsentieren sich die

südwestlichen Hängen der Hügel um den Ort kann man über 20 verschiedene Orchideenarten bewundern.

Eine ganz besondere lothringische Spezialität bietet die *»Auberge de la Klauss«*: Ente in allen nur erdenklichen Variationen. Tausende von Enten und Gänsen bevölkern eine Naturweide und bilden ein Reservoir für die köstlichen Produkte, die die Speisekarte zieren oder im Hofladen feilgeboten werden.
Auf dem Rückweg ins Apfelland empfiehlt sich in Mandern ein Besuch des Schlosses Mensberg aus dem Jahr 1419, das auch Ziel einer Viez-Wanderung von Büschdorf aus sein kann.

In Sinz lädt das Landgasthaus *»Birkenhof«* zur Einkehr ein. In modernem Ambiente erfreut die Küchenchefin

Martina Koster mit saarländischer Küche auf Basis heimischer Erzeugnisse aus der Produktion des elterlichen Bauernhofs.

Dem einladenden Schild *von der »Auberge de la Klauss« sollte man getrost folgen. Hier in Montenach stellen die Köche Charles Keff und Jean-Phillipe Guerreiro ihr Können unter Beweis. Die diversen Spezialitäten von der Ente sind besonders empfehlenswert. Wer mag, kann im angeschlossenen Hofladen köstliche hausgemachte Produkte kaufen.*

Von Sinz geht es weiter nach Nennig, zur letzten Station an der Viezstraße. Noch luxuriöser als die römische Villa in Borg muss das Anwesen in Nennig gewesen sein. Millionen von Steinchen haben römische Mosaizisten zu einem kunstvollen Mosaik gefügt, das die Empfangshalle einer noblen Villa schmückte. Die raffinierte Geometrie der Ornamentik erinnert an einen kostbaren Perserteppich. Mit seinen 160 Quadratmetern ist dieses römische Mosaik der bisher größte Fund dieser Art nördlich der Alpen und deshalb in jedem einschlägigen Schulbuch abgebildet.

Luxus pur kann man auch im *»Schloss Berg«* genießen, über dem zwei Sterne am kulinarischen Himmel leuchten. Sternekoch Christian Bau verwöhnt die Gäste im Gourmetrestaurant, aber auch in der *»Scheune«*, einem Gesindehaus aus dem 13. Jahrhundert unterhalb des Schlosses, mit erlesener Kochkunst. Ein schöner Platz, um die Eindrücke im Dreiländereck noch einmal Revue passieren zu lassen.

Erzeuger an der Viezstrasse

Brennerei Martina Konter
Tulpenweg 7, 66780 Fremersdorf, Tel. 0 68 61/47 92
Regionale Schnäpse, Liköre

Hofgut Nackberg, Johannes Weiten
66663 Hilbringen, Tel. 0 68 61/39 96
Kaninchen-, Gänse- und Entenprodukte

Artur Pitsch »Zum Saargau«
66663 Büdingen, Tel. 0 68 69/3 56
30 regionale Branntweine

Adolf Schmidt »Zum Saargau«
66663 Büdingen, Tel. 0 68 69/3 06
Tafeläpfel

Obstbau Josef Jacoby
Frant-Altmeyer-Str. 27, 66693 Tünsdor
Tel. 0 68 68/13 43
Tafeläpfel, Mostobst, Äppelprickler, Apfelessig, -likör

Maria Timmer
Leukstr. 6, 66706 Eft, Tel. 0 68 68/2 53
Honig, Honiglikör

Wilhelm Peter »Peterhof«
66706 Borg, Tel. 0 68 67/2 56
Edelschnäpse aller Art

Hier stimmt einfach alles: *Die Lage, das Ambiente, Speisen und Getränke – das Hotel »Schloss Berg« in Nennig.*

Rund um Würzburg führt die Bocksbeutelstraße durch das Fränkische Weinland. Wer sich Zeit nimmt, kann hier schwärmerisch ein reizvolles Fleckchen Erde entdecken, in dem sich wirklich alles um den Wein dreht, und diesen mit ganz erfreulichen Nebenwirkungen genießen.

Die Bocksbeutelstrasse

Überall entlang der Bocksbeutelstraße *weisen Symbole und Verzierungen, wie dieser in Stein gehauene Keltermeister, auf das zentrale Thema dieser Gegend hin.*

Vor allem im Herbst, *wenn die Rebstöcke voll üppiger Trauben hängen, sollte man die Bocksbeutelstraße erkunden.*

Seit fast zwölf Jahrhunderten ist der Wein eine wichtige Lebens- und Existenzgrundlage in Mainfranken, was Land und Leute geprägt hat: Schmucke Weindörfer und stattliche Weingüter zeugen vom Wohlstand, der auf dem begehrten Rebensaft gründet.

Schon merkwürdig: Selbst der Main ändert seinen Charakter, wenn er an den Weinbergen zwischen Spessart, Rhön und Steigerwald vorbeiströmt. Leicht beschwipst schlingert er ab Schweinfurt in südlicher Richtung, vollbringt bei Volkach torkelnd einige Schleifen, um sich dann ab Ochsenfurt beschwingt nach Nordwesten zu drehen, vorbei an Würzburg, der Residenz Pracht liebender Fürsten. Das markante Dreieck, das er dabei bildet, nennen die Touristik-Macher das Fränkische Weinland. »Mainfranken« und »Weinfranken« kann man getrost als Synonyme bezeichnen.
In dieser Region lagerten sich in Millionen von Jahren die drei Erdschichten ab, die Hauptnährboden für den Frankenwein sind: der Buntsandstein, der Muschelkalk und der Keuper. Anschließend setzte die eigentliche Landschaftsbildung des heutigen Frankenlandes ein. Zu den alten Nord-Süd-Tälern kamen neue Ost-West-Talstücke, geformt durch die Erosionskraft des Wassers. Dabei ergab es sich rein zufällig, dass das Maindreieck zusammen mit der Fränkischen Saale und dem Oberlauf der Wern die deutliche Form einer Weintraube in die Landkarte zeichnete. Erdgeschichtliche Funde aus dieser Zeit zeigen versteinerte Ablagerungen von Laub und Traubenkernen der wilden Weinrebe. Römische Weinbauspuren in Franken sind durchaus vorhanden, denn überall, wo sich römisches Kulturgut ausbreitete, wurde nicht nur Wein getrunken, sondern auch angebaut. Der Limes als Grenze der römischen Macht verlief ja ein gutes Stück den Main entlang.

Die ersten schriftlichen Nachweise über den Weinbau in Franken sind eine Schenkungsurkunde an das Kloster Fulda aus dem Jahre 777 und eine Markungsbeschreibung zwischen Würzburg und Randersacker von Karl dem Großen aus dem Jahr 779.
Dazu muss man wissen, dass bis zum Ende des Mittelalters um 1500 das Klima dem Frankenland eine etwas höhere Jahresdurchschnittstemperatur

als heute bescherte. Zur Hochblüte des Weinbaus umfasste die Anbaufläche in Franken rund 40 000 Hektar und war damit siebenmal so groß wie heute. Der Weinbau war bis zur Säkularisation hauptsächlich auf Quantität ausgerichtet. Das hatte einen guten Grund: Es war möglich, den Zehnten, also die Hauptsteuerlast, in Naturalien und somit auch in Wein abzuleisten. »Masse vor Klasse« war die logische Folge. Hinzu kam, dass der Wein das Grundgetränk der Bevölkerung war.

Doch im 19. Jahrhundert kam die Weinproduktion in Franken unter Druck. Die bayerischen Herzöge und Könige hatten, als die Pfalz zu Bayern kam, den Pfalzwein sehr gefördert und hoffähig gemacht. Französische Weinimporte führten ebenfalls zu einem dramatischen Rückgang im Weinanbau. Zudem mussten ab 1830 Steuern in barem Geld entrichtet werden. Und damit nicht genug: Zusätzlich erwuchsen dem Wein durch das starke Vordringen des Bieres und den gleichzeitigen Siegeszug des Bohnenkaffees zwei entscheidende Konkurrenten, die die Trinkgewohnheiten von Grund auf veränderten. Hinzu kam, dass viele Weinberge überaltert und durch mangelhafte Bewirtschaftung in weiten Teilen des Landes heruntergekommen waren. Also war Umdenken gefordert – von der Quantität zur Qualität.
Die Zeichen der Zeit erkannte der Weinbaupionier Dr. Peter Ungemach, auf dessen Initiative hin im Jahre 1836 der Fränkische Weinbauverein gegründet wurde. Es wurde mehr und mehr Wert auf reinsortige Pflanzung gelegt. Man gab den Qualitätsrebsorten Riesling, Traminer, Ruländer und Spätburgunder den Vorzug. Ebenso lernte man, Lesetermin und Traubenreife aufeinander abzustimmen. Sebastian Englert aus Randersacker gründete 1874 im Mönchshof die erste Weinbauschule in Franken. Er züchtete aus Riesling und Silvaner die ertragreiche, aber leider sehr spät reifende Sorte Bukettrebe, die auch Bocksbeutelrebe genannt wurde. Durch Auswahl der entsprechenden Weinbergslage verhalf er auch dem Silvaner wieder zu einem hohen Stellenwert in Franken. 1913 kam die Müller-Thurgau-Rebe aus der Schweiz nach Franken. In der Lage »Würzburger Schlossberg«, am Hang zwischen der Kirche St. Burkard und der Festung Marienberg gelegen, gibt es den sicherlich ältesten Müller-Thurgau-Weinberg Frankens.

Ab 1902 suchte die fränkischen Winzer neues Unheil heim: die aus Erfurt eingeschleppte Reblaus. Durch ihr »Wirken« war nach dem Ersten Weltkrieg die fränkische Anbaufläche nur noch halb so groß. Von diesem Schaden erholten sich die Winzer erst in den 50er Jahren.
1959 schlossen sich die örtlichen Winzergenossenschaften zur Gebietswinzergenossenschaft Franken zusammen, wodurch wenigstens die Vermarktung gesichert war. Positiv hat sich auch die

Idyllische, malerische Orte *wie Marktbreit auf der Südroute der Bocksbeutelstraße laden zu einem Besuch ein.*

Maßvoller Weingenuss *beruhigt die Psyche und regt die Lebensgeister an. Es stellt sich ein Zustand positiver Gelassenheit ein, und das allgemeine Wohlbefinden steigt.*

Dank der positiven Wirkung auf Herz und Kreislauf verlängert maßvoller Weingenuss angeblich sogar das Leben. Männern wird deshalb empfohlen, täglich bis zu zwei Gläsern und Frauen ein Glas Wein zu trinken.

Weinfässer *im Weinkeller des berühmten Juliusspitals bei Mespelbrunn. Täglich bekommen die Bewohner des Altenheims einen Schoppen aus den hölzernen Fässern – so verlangt es die Stiftungssatzung.*

Ein Rieslingwein *des Juliusspitals in der typischen Bocksbeutelflasche.*

Flurbereinigung ausgewirkt. Durch sie wurden die unseligen Folgen der fränkischen Realteilung im Erbrecht beseitigt. Von dem Ertrag der bis dahin üblichen Miniparzellen der Kleinstwinzer hätte wirklich kein Mensch mehr leben können.

Der Würzburger Fürstbischof Peter Philipp von Dernbach (1675–1683), dem das Volk den Spitznamen »Peter Lustig« gab, ließ eine Münze prägen, die den Frankenwein als Heilmittel gegen die Pest propagieren sollte. Die Umschrift auf der Münze lautet: »Vincit et sanat«: Er (der Frankenwein) besiegt (die Krankheit) und heilt. Tatsächlich war die Pest in Würzburg von deutlich kürzerer Dauer als andernorts und forderte wesentlich weniger Opfer. Arnoldus de Villa Nova, ein katalanischer Arzt, der um 1300 an der berühmten Schule der Medizin von Montpellier lehrte, schrieb ein Buch über den Wein und seine Heilkräfte, in dem es heißt: »Gar gesund ist alter Wein, eine wahre Arzeney … er verfeinere den Denkspiritus und lasse die Gedanken schneller ablaufen. Deshalb sollen ihn vor allem die Würdenträger im rechten Maße trinken, denn sie müssen ja über die höchsten und schwierigsten Dinge nachdenken.«
Diese Erkenntnisse haben sich sicher die Iphöfer Ratsherren zu eigen gemacht: Im alten Iphöfer Rathaus von 1448 gab es einen geheimen Gang von der großen Ratsstube hinunter ins Kellergewölbe, wo in hübschen Fässern ansehnliche Mengen der besten Iphöfer Tropfen lagerten. Es ist überliefert, dass der wohlweise Rat bei allzu hitzigen Debatten über die heimliche Treppe in den Keller hinunterstieg, um bei köstlichem Iphöfer Wein dem eigenen Geist die Hilfestellung des Geistes im Wein angedeihen zu lassen.
»Weingestählte Frankenbeine gehen nicht so früh ins Grab«, sagt man in

Im Jahre 1576 *wurde von Julius Echter von Mespelbrunn das Juliusspital gegründet. Dem Weingut ist ein Altenheim angegliedert.*

Franken. Nicht von ungefähr sind in Würzburg zwei berühmte Weingüter und ihre Weinkeller mit karitativen Einrichtungen verbunden: das 1319 gegründete Bürgerspital und das 1576 von Fürstbischof Julius Echter von Mespelbrunn gestiftete Juliusspital. Laut Stiftungssatzung bekommen noch heute die Bewohner des Altenheims täglich einen Schoppen Frankenwein kredenzt. Und siehe da: Der Altersdurchschnitt der Senioren liegt bei beachtlichen 87,1 Jahren.

Seit Jahrtausenden ist die markante Flaschenform des Bocksbeutels bekannt. Um 1400 v. Chr. benutzten die Kelten schon ein flachbauchiges Tongefäß als bequeme Tragflasche für unterwegs. Zu besichtigen ist dieser »Urbocksbeutel« im Mainfränkischen Museum in Würzburg. Wer die »Steinerne Stiftungsurkunde« des Juliusspitals im Durchgang vom Innenhof zum Park aufmerksam betrachtet, entdeckt auf dem Relief des Bildhauers Hans Rodlein neben dem Krankenbett eine Bocksbeutelflasche. Ein Beweis dafür, dass diese Flaschenform zu dieser Zeit ein Aufbewahrungsgefäß für medizinische Tinkturen war. Der Volksmund deutet den Namen dieser Flaschenform recht drastisch: Er behauptet, der Name käme vom Beutel des Bocks, jenem Körperteil also, durch den sich der Bock hinlänglich von der Ziege unterscheidet.

Die ältesten bisher nachgewiesenen Bocksbeutelflaschen wurden 1659 so annonciert: »Ich, Mathis Wenzel, Glasmacher zu Wertheim, mach mir eine kommode Weinflasch für die Reis; Brot und Wein ist mein Wegzehr. Mein Flasch ist wie ein Beutel, ein Beutel hat mein Bock, der Bock ist für arm Leut, die Noth und auch die Plage.« Daher gilt Wenzel als Namensgeber dieser Flasche. Im Lohrer Spessartmuseum, das sich besonders dem Spessarter Waldglas verschrieben hat, kann man einige Exemplare von damals bewundern. Seit 1726 steht die Würzburger Obrigkeit mit dieser Flaschenform für die Echt- und Reinheit des Frankenweins gerade. Damit wurde der Bocksbeutel zum Symbol für Franken schlechthin.

Kunstvoll gearbeitete Aushänger, *beispielsweise mit einer Bocksbeutelflasche, weisen den Weg zu einer Weinstube.*

Viktor von Scheffel dichtete in seinem Frankenlied: »Bald hebt sich auch das Herbsten an, die Kelter harrt des Weines. Der Winzerschutzherr Kilian – beschert uns etwas Feines.« Auf die Nähe des heiligen Kilian zum Wein verweisen der Großlangheimer Kiliansberg, die Brückenheiligen auf der Würzburger Alten Mainbrücke sowie viele Bildstöcke in den Weinbergen. An fränkischen Bildstöcken begegnet man auch dem heiligen Urban, zu erkennen an der Mitra und an der Weintraube, die er in der Hand hält. Als Winterheiliger fungiert Sebastian (20. Januar). An dessen Tag soll es nach Wunsch der Winzer klar und kalt sein: »Sebastian je kälter und heller, Scheuer und Fass um so völler.« Als Frühjahrsheiliger wird Vitus verehrt. Sein Namenstag (15. Juni) fällt in die Zeit der Rebenblüte, und an dem soll es deshalb möglichst trocken sein, damit die Blüte nicht verrieselt.
Der bekannteste Sommer-Weinheilige ist Johannes der Täufer (24. Juni). Ein alter Schweizer Winzerspruch zur Sommersonnenwende lautet: »Z'Johannis us de Räbe goo und d'Truube blüeje loo.«
St. Michael mit Schwert und Seelenwaage (29. September) ist der fränkische Herbstheilige.
Frankens Weinheilige wären jedoch nicht vollständig ohne die Patrona Frankoniae, die Gottesmutter Maria, die gern mit einer Traube dargestellt wird. Auch ein Vers aus »Des Knaben Wunderhorn« zeugt von der tiefen Marienverehrung der Winzer: »Das Weinkorn, das hochheilige, das kam vom Himmel herab. Einer Jungfrau unter ihr Herze, die war heilig und klar. Sie trug es unverborgen bis an den Weihnachtstag, da ward der Wein geboren, der alle Ding vermag.«
Nichts ist leichter, als eine Flasche Wein zu leeren, aber zum bewussten Genießen gehört auch eine Portion Weinwissen. Ein erfahrener Weinken-

Neben den verschiedenen Weinheiligen, *die von jeher zum Schutz der Reben und von deren Saft in Franken verehrt werden, gilt vor allem auch die Mutter Gottes als Schutzpatronin. Symbolhaft wird sie auf vielen Gemälden mit einer Weintraube dargestellt.*

Auf einer Wanderung von Escherndorf durch die Weinberge zur Vogelsburg erlebt man nicht nur einen herrlichen Ausblick auf den Main, sondern auch einen der schönsten Bildstöcke Mainfrankens: den Kreuzschlepper.

Wein *aus der Lage Sommerhäuser Ölspiel.*

Wein aus Sommerhausen wächst in den Lagen Ölspiel, Reifenstein und Steinbach. Die Wiege des Sommerhäuser Weins lässt sich auf einer Weinbergswanderung kennen lernen, bei der man unweigerlich oft stehen bleibt, um die herrliche Aussicht zu genießen.

ner wird bei der Weinauswahl zunächst auf die Rebsorte achten, und genau hier beginnen für den Laien die Probleme.

Der *Müller-Thurgau* ist eine der ältesten bekannten Rebenzüchtungen in Deutschland. Lange Zeit galt die Traube als eine Kreuzung aus Riesling und Silvaner. Eine Genanalyse der österreichischen Bundesanstalt in Klosterneuburg aus dem Jahr 1996 beweist aber zweifelsfrei eine Kreuzung aus Riesling und Gutedel. Genießer schätzen an diesen Weinen das blumige Bukett, den angenehmen Muskatton, ihre Leichtigkeit und Frische, die zurückhaltende Säure und die Bekömmlichkeit. Besonders spritzigen und feinnervigen Müller-Thurgau keltert man in Weimersheim vom Roten Berg, in Castell vom Kugelspiel, in Thüngersheim vom Johannisberg oder in Großostheim vom Harstell.

Der *Bacchus* ist eine verhältnismäßig junge Züchtung aus einer Kreuzung von Silvaner und Riesling mit Müller-Thurgau. Dieser harmonische, wenig säurebetonte Wein eignet sich gut für Spätlesen. Der Bacchus gedeiht besonders in den ansonsten etwas langwieligen Lagen des Hauptmuschelkalks von Frickenhausen, Sommerhausen und Eibelstadt.

Die *Ortega*, eine Kreuzung aus Siegerrebe und Müller-Thurgau, gehört zu den frühesten Sorten. Sie ist eine ideale Traube in Jahren, wo die Ausreife von Riesling und Silvaner zu wünschen übrig lässt. Die Ortegatraube hat ein sehr vollmundiges, jedoch deutlich nobleres Bukett als der Bacchus. Ideale Weine sind der Sander Kronberg oder ein Ramsthaler St. Klausen.

Der *Kerner-Rebe* wird man in Franken häufiger begegnen. Diese württembergische Züchtung verdankt ihren vollmundigen Geschmack der seltenen Zuchtvariante Trollinger mit Riesling, also einer Ehe von Rot- und Weißwein. Wegen seiner Frische und Rasse wird der Kerner gern mit dem Riesling verglichen. Er vermag seine Art besonders am Frankenberger Schlossberg, am Randersackerer Marsberg und am Großheubacher Bischofsberg zur Geltung zu bringen.

Der *Graue Burgunder* oder *Ruländer* fällt ein wenig aus dem »fränkischen

Winzer Egon Schäffer *hat sich auf leichte, säurebetonte Rieslinge und Silvaner spezialisiert.*

Bei einer Weinprobe *im Weinkeller von Egon Schäffer kann man diesen Silvaner verkosten.*

Rahmen«. Der milde, runde und doch sortentypische Eigengeschmack stammt unverwechselbar aus dem Hause Burgunder und entfaltet sich sowohl am Würzburger Pfaffenberg als auch am Thüngersheimer Scharlachberg.

Jahrhundertelang war der *Silvaner* die tonangebende Sorte in Franken. Überliefert ist, dass der Ebracher Zisterzienserabt Alberich Degen 1665 die erste Silvanerrebe Frankens im »Stein« zu Würzburg pflanzte. Die Silvanerrebe liefert auf Muschelkalk einen harmonischen, kräftigen, vollmundigen und körperreichen Wein. Beste Lagen sind Iphöfer Julius-Echter-Berg, Iphöfer Kronsberg, am Eschendorfer Lump, am Frickenhäuser Kapellenberg, am Randersackerer Pfülben, am Würzburger Stein und Würzburger Innere Leiste.

Der *Riesling* gilt als der ungekrönte König unter den Weißweinen. Die Geschmacksbezeichnungen stahlig, nervig, wuchtig treffen allerdings in Franken nur auf beste Standorte zu, wie sie beim Silvaner genannt sind. Der vielzitierte Krönungswein für Königin Elisabeth II. von England war eine 1950er Riesling-Auslese vom Iphöfer Julius-Echter-Berg, ausgebaut vom Juliusspital-Weingut Würzburg.

Der *Traminer* mit den rötlich gefärbten Beeren zählt zu den Uraltreben, ist jedoch mit seinen Aromen Birne und Rosenblätter den vornehmen Würztrauben zuzurechnen. Fränkische Traminer sind exquisite Spezialitäten und kommen aus den bekannten Spitzenlagen in Sommerach, Iphofen, Randersacker, Würzburg und Escherndorf.

Die *Scheurebe,* eine Pfälzer Züchtung aus Silvaner und Riesling, entfaltet eine wahrhaft orientalische Duftfülle, die an eine Mischung aus schwarzen Johannisbeeren und Holunder und mit zunehmender Reife an eine Aromenkomposition aus Pfirsich und Rosen erinnert. Kein Wunder also, wenn bei fränkischen Weinproben häufig eine Scheurebe zu den glanzvollen Höhepunkten zählt! Spitzenstandorte sind am Iphöfer Kalb, am Abtswinder Altenberg, am Frickenhäuser Kapellenberg, am Sommerhäuser Steinbach und am Randersackerer Teufelskeller.

Winzer Johann Ruck *führt fort, was ein Zweig seiner Familie vor 150 Jahren begann: Die Erzeugung von Spitzenweinen.*

Der Schwabe Thaddäus Troll, ein ausgewiesener Weinkenner, beschreibt den Frankenwein treffend und ohne Lobhudelei: »Hier, an den Ufern des anmutigen und heiteren Mains, wächst ein edler, erdiger, kräftiger Wein, ein markiger Tropfen von herber Süße. Auf der Vogelsburg, hoch über der Mainschleife, lässt sich der Frankenwein an Ort und Stelle probieren. Golden leuchtet der Traminer, schon sein Duft macht gesprächig, und die edle Fäule der Beeren bleibt über den Schluck hinaus an Zunge und Gaumen haften.«

Und eine liebenswerte Referenz an den Würzburger Wein ist auch eine Notiz des Geheimrats Goethe an seine Frau Christiane: »Sende mir noch einige Würzburger, denn kein anderer Wein will mir schmecken, und ich bin verdrießlich, wenn mir mein gewohnter Lieblingstrank abgeht«.

Schnörkellose, *perfekte Weine wie dieser Traminer können im Weingut Ruck in Iphofen verkostet werden.*

In der Vinothek Glaser-Himmelstoß *in Dettelbach werden unter anderem Frankenweine aus den Spitzenlagen Vögelein und Kreuzberg angeboten.*

Chefkoch Werner Düring *sorgt im »Zehntkeller« für typisch Fränkisches wie Filet vom Mainzander auf Salbei-Oliven-Sauce.*

Im ehemaligen Amtshaus *der Würzburger Fürstbischöfe befindet sich das stilvolle Romantik-Hotel »Zehntkeller« in Iphofen.*

Filet vom Mainzander auf Salbei-Oliven-Sauce

Für 4 Personen

- *1/4 l Fischfond*
- *100 ml trockener Weißwein*
- *400 g Sahne*
- *30 g Crème fraîche*
- *10 g Butter*
- *10 g Mehl*
- *Salz, weißer Pfeffer aus der Mühle*
- *4 cl Sekt*
- *6 EL Olivenöl*
- *20 schwarze Oliven, halbiert und entsteint*
- *12 Salbeiblätter, in feine Streifen geschnitten*
- *750 g Zanderfilet*
- *Saft von 1/2 Zitrone*
- *Mehl zum Wenden*
- *16 Salbeiblätter*

1 Den Fischfond mit Wein, Sahne und Crème fraîche aufkochen und auf 1/3 einkochen. Die Butter mit dem Mehl verkneten und den Saucenansatz damit binden. Alles etwa 4 Minuten kochen, dann mit Salz und Pfeffer würzen und den Sekt zugeben.

2 4 Esslöffel Olivenöl mit dem Stabmixer so lange in die Sauce einarbeiten, bis sie cremig ist. Die Olivenhälften und Salbeistreifen unterrühren.

3 Die Haut vom Zander mit einem scharfen Messer einschneiden. Die Filets mit Salz und Pfeffer würzen und mit Zitronensaft beträufeln. Dann in Mehl wenden. Das restliche Olivenöl in einer Pfanne erhitzen und die Filets darin goldgelb braten. Die Salbeiblätter zugeben und kurz mitbraten.

4 Die Sauce auf vorgewärmte Teller geben. Die Zanderfilets darauf legen und das Gericht mit den gebratenen Salbeiblättern garnieren. Als Beilage empfehlen sich Rösti aus rohen Kartoffeln.

Filet vom Mainzander auf Salbei-Oliven-Sauce.

Fasanenbrust auf Kürbisconfit mit Holunderjus

Für 4 Personen

Kürbisconfit

- *500 g Muskatkürbis*
- *1/2 EL Zucker*
- *3 EL Sherryessig*
- *100 ml Gemüsebrühe*
- *20 ml Weißwein*
- *1 TL Kartoffelstärke*
- *1 TL Salz*
- *1 Spritzer Tabascosauce*
- *1 Prise gemahlener Ingwer*
- *1 gehackte Chilischote nach Geschmack*
- *1 Prise gemahlene Kurkuma*

Holunderjus

- *je 50 g Karotten, Knollensellerie und Lauch, fein gewürfelt*
- *Geflügelknochen*
- *Salz*
- *weißer Pfeffer aus der Mühle*
- *50 g Holundermark oder 200 ml Holundersaft*
- *2 cl Gin*
- *1 cl Tannennadellikör nach Wunsch*
- *100 ml Rotwein*
- *2 TL Kartoffelstärke*

Fasanenbrustfilets

- *3 EL Kürbiskern- oder Olivenöl*
- *4 ausgelöste Fasanenbrüste*
- *Salz*
- *weißer Pfeffer aus der Mühle*
- *Paprikapulver*
- *gemahlener Kreuzkümmel*
- *Curry*
- *4 altbackene Graubrotscheiben*

1 Den Backofen auf 200 °C vorheizen. Für das Kürbisconfit den Kürbis waschen, putzen und das Kürbisfleisch in Würfel schneiden. Den Zucker mit 2 Esslöffeln Wasser karamellisieren. Mit Essig ablöschen. Die Gemüsebrühe angießen und die Mischung aufkochen lassen. Die Kürbiswürfel zugeben und alles nochmals aufkochen lassen.

2 Den Weißwein mit der Kartoffelstärke verrühren und das Kürbisconfit damit andicken. Mit Salz, Tabascosauce, Ingwer, Chili und Kurkuma abschmecken.

3 Für den Holunderjus die Gemüsewürfel und die Knochen im vorgeheizten Ofen rösten. Herausnehmen und mit 1/4 Liter Wasser zu einem kräftigen Fond kochen. Mit Salz und Pfeffer abschmecken und durch ein feines Sieb abgießen. Den Fond in eine Kasserolle geben.

4 Holundermark oder -saft unter den Fond rühren. Den Holunderjus mit Gin und nach Wunsch mit Tannennadellikör abschmecken. Den Holunderjus mit in Rotwein aufgelöster Stärke andicken.

5 Den Backofen auf 220 °C hochschalten. Das Kürbiskern- oder Olivenöl in einer ofenfesten Pfanne erhitzen. Die Fasanenbrüste darin mit der Haut nach unten anbraten. Das Geflügel wenden und mit Salz, Pfeffer, Paprikapulver, Kreuzkümmel und Curry würzen.

6 Die Fasanenbrüste in der Pfanne auf die Brotscheiben setzen und im Ofen 10 Minuten garen. Anschließend noch etwa 5 Minuten im ausgeschalteten Backofen ruhen lassen. Mit Kürbisconfit und Holunderjus anrichten. Als Beilage empfiehlt sich Kartoffelgratin.

Meisterkoch Sven Roder – *hier im Bild mit seiner Frau – kümmert sich als Chefkoch um das leibliche Wohl seiner Gäste im Hotel-Gasthof »Schiff« in Winterhausen. Sein Können beweist er unter anderem mit der Fasanenbrust auf Kürbisconfit mit Holunderjus.*

Fasanenbrust *auf Kürbisconfit mit Holunderjus.*

Chefkoch Georg Friedrich Leicht *repräsentiert mit seiner Frau die vierte gastliche Generation im Hotel-Restaurant »Leicht« in Biebelried. Dort kocht er fränkisch Bodenständiges mit neuer Raffinesse wie Schweinelende in der Kartoffel.*

In der Nähe *des Autobahnkreuzes von Biebelried liegt das traditionelle Hotel-Restaurant »Leicht« mit seinen gemütlichen Gaststuben. Die durchgehende Küche verwöhnt Reisende zu jeder Tageszeit mit kulinarischen Spezialitäten.*

Schweinelende in der Kartoffel

Für 4 Personen

- *1 kg mehlig kochende Kartoffeln*
- *Salz*
- *1 Schweinelende, von Fett und Sehnen befreit*
- *schwarzer Pfeffer aus der Mühle*
- *60 g Fett zum Braten*
- *200 ml fränkischer Riesling*
- *1 Zwiebel, in Würfel geschnitten*
- *250 g Champignons, in Scheiben geschnitten*
- *1/2 Bund Petersilie, gehackt*
- *4 Eigelbe, 50 g Butter*
- *1 Prise geriebene Muskatnuss*
- *Butter für das Blech*

1 Die Kartoffeln schälen und in Salzwasser weich kochen. Ausdampfen lassen und durch die Kartoffelpresse drücken.

2 Die Schweinelende mit Salz und Pfeffer würzen. In einer Pfanne 40 Gramm Fett erhitzen und das Fleisch darin rundherum anbraten. Herausnehmen und abkühlen lassen. Den Bratensatz mit Riesling ablöschen und reduzieren. Mit Salz und Pfeffer würzen und warm stellen.

3 Das restliche Fett in einer Pfanne erhitzen und die Zwiebelwürfel darin anschwitzen. Champignons und Petersilie dazugeben und kurz mitdünsten. Abkühlen lassen.

4 Den Backofen auf 170 °C vorheizen. Die Kartoffeln mit 3 Eigelben und der Butter vermischen. Mit Salz, Pfeffer und Muskat würzen. Ein Blech mit Butter fetten. Die Kartoffelmasse in einen Spritzbeutel füllen und 1/3 davon in Größe der Lende auf das Blech spritzen.

5 Die Champignonmischung in die Mitte der Kartoffelmasse geben und die Schweinelende darauf legen. Mit der restlichen Kartoffelmasse umhüllen.

Schweinelende in der Kartoffel.

6 Das restliche Eigelb mit etwas Wasser verrühren und die Oberfläche der Kartoffelmasse damit bestreichen. Die Schweinelenden im vorgeheizten Ofen in 20 Minuten goldgelb backen.

7 Zum Servieren die Lende in etwa 2 Zentimeter große Stücke schneiden und auf Tellern mit dem Bratensaft anrichten. Dazu passt frisches Gemüse oder ein Salat der Saison.

Chefkoch Herbert Kuffer *im Restaurant »Himmelstoß« in Dettelbach versteht sich auf die kreative Kombination von Essen und Wein. Ein gutes Beispiel dafür ist das Dettelbacher Muskatzinensoufflé auf Gewürzorangen-Karottensalat.*

Dettelbacher Muskatzinensoufflé auf Gewürzorangen-Karottensalat

Für 4 Personen

Gewürzorangen-Karottensalat

- *150 g Zucker*
- *3 Kardamomkapseln*
- *2 Sternanis*
- *4 Gewürznelken*
- *1/2 Zimtstange*
- *1/2 Vanilleschote*
- *abgeriebene Schale von 2 unbehandelten Orangen*
- *abgeriebene Schale von 1 unbehandelten Zitrone*
- *100 g Honig*
- *1 Schuss Kirschwasser*
- *6 Blutorangen*
- *1 Karotte*

Muskatzinensoufflé

- *1/8 l Milch*
- *ausgeschabtes Mark von 1/2 Vanilleschote*
- *1 Messerspitze gemahlener Zimt*
- *1 geriebene Muskatnuss*
- *1 Messerspitze gemahlene Nelken*
- *25 g Butter*
- *25 g Mehl*
- *je 3 Eiweiße und Eigelbe*
- *30 g gemahlene Haselnusskerne oder Mandeln*
- *60 g Zucker*
- *1 Prise Salz*
- *Butter für 4 Souffléförmchen*

Sauce

- *je 100 ml Orangen- und Karottensaft*
- *Saft von 1/2 Zitrone*
- *je 1 Schuss Sekt und Grenadine*
- *1 Messerspitze Zimtpulver*
- *20 g Zucker*
- *ausgeschabtes Mark von 1/2 Vanilleschote*
- *1 TL Speisestärke*

1 Für den Salat 130 Gramm Zucker, Gewürze und Zitrusschalen mit 200 Milliliter Wasser 10 Minuten kochen lassen. Von der Kochstelle nehmen und beim Abkühlen Honig und Kirschwasser unterrühren. Orangen schälen, filetieren und mehrere Tage im Sud marinieren.

2 Die Karotte schälen und in Stifte schneiden. Mit dem restlichen Zucker in reichlich Wasser bissfest garen und abtropfen lassen.

3 Für das Soufflé den Backofen auf 180 °C vorheizen. Milch mit Gewürzen aufkochen. Butter mit Mehl verkneten und unterrühren. Alles unter Rühren aufkochen, bis die Milch eindickt, dann vom Herd nehmen.

4 In die warme Milch 1 Eiweiß rühren. Die Mischung etwas abkühlen lassen. Eigelbe und Haselnüsse bzw. Mandeln unterrühren.

5 Restliches Eiweiß mit 40 Gramm Zucker und Salz steif schlagen und unter die Muskatzinenmasse heben. Die Förmchen fetten und mit übrigem Zucker ausstreuen. Die Souffléмasse hineinfüllen. Im heißen Wasserbad im Ofen in 25 Minuten garen.

6 Für die Sauce alle Zutaten bis auf die Stärke verrühren und aufkochen. Die Sauce mit Stärke binden und abkühlen lassen. Die Orangenfilets und Karottenstifte auf Tellern anrichten. Die Sauce und die warmen Soufflés darauf geben.

Dettelbacher Muskatzinensoufflé *auf Gewürzorangen-Karottensalat.*

Die Bocksbeutelstrasse

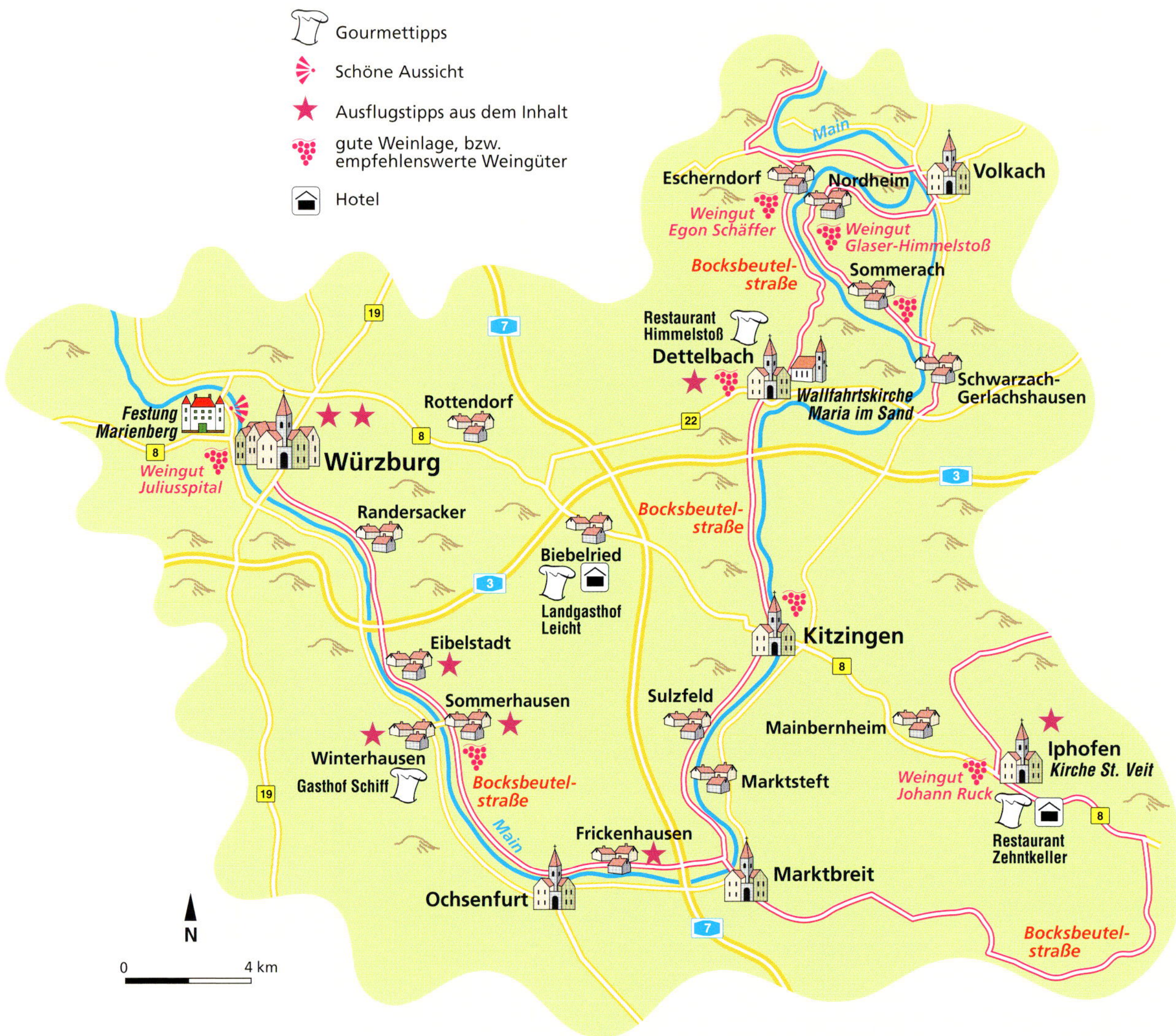

Routenbeschreibung

Eine gute Möglichkeit, Mainfranken zu »erfahren«, bieten die fünf Routen der Bocksbeutelstraße. Sie gehen alle von Würzburg aus und führen Richtung Süden bis Aub und weiter nach Tauberbischofsheim (55 Kilometer), gegen Norden nach Karlstadt bzw. Hammelburg (60 Kilometer), ostwärts nach Abtswind und Ippesheim (110 Kilometer), auf der Westroute nach Marktheidenfeld und weiter bis Michelbach (160 Kilometer) sowie zur Mainschleife bei Volkach (110 Kilometer).
Die hier beschriebene Route führt von Würzburg ausgehend durch das Maindreieck.

Bevor man die Bocksbeutelstraße *entlangfährt, sollte man sich genügend Zeit nehmen, um Würzburg zu besichtigen.*

Von der Festung Marienberg hoch über dem Main erschließt sich die ganze Schönheit von Würzburg auf einen Blick. Die vielen Kirchen fallen als Erstes auf und erinnern daran, dass Würzburg seit über 1200 Jahren geistlicher Mittelpunkt der Region ist. Der Dom und das benachbarte Neumünster, die spätgotische Marienkapelle am Markt, der mächtige Renaissancebau der Universitätskirche, der Rathausturm an der Ostseite der Alten Mainbrücke prägen eine eindrucksvolle Stadtsilhouette. Unter der Herrschaft des kunstsinnigen Hauses Schönborn erlebte Würzburg seine Blütezeit.
Balthasar Neumann erbaute 1719–1744 die Residenz, das »Schloss über allen Schlössern«. Rund 200 Jahre früher legte Fürstbischof Julius Echter von Mespelbrunn den Grundstein zu einer Stiftung, die die Jahrhunderte trotz aller Schicksalsschläge überdauerte: das Juliusspital. Julius Echter bestimmte, dass hier »ein Spital für allerhand Sort Arme, Krancke, unvermögliche, auch schatthaffte Leuth, die wundt und anderer Artzney nottdürfftig sein, deßgleichen verlassene Waysen und dann für uberziehende Pilgram, und dörftige Personen aufzurichten und zu bauen sey«. Dazu hatte der Fürstbischof sein Spital reichlich mit Grundbesitz ausgestattet, um die Finanzierung der Stiftungsaufgaben zu gewährleisten. Heute gehört das Würzburger Juliusspital mit über 163 Hektar Rebfläche zu den größten Weingütern in Deutschland. Nur das Juliusspital kultiviert in allen fünf Spitzenlagen Frankens, im Würzburger Stein, dem Randersackerer Pfülben, dem Iphöfer Julius-Echter-Berg, dem Eschendorfer Lump und dem Rödelseer Küchenmeister. In den 250 Meter langen Kellergewölben unter dem Fürstenbau werden die Weine in über 230 Holzfässern, teilweise mehr als 100 Jahre alt, zu hervorragenden Qualitäten ausgebaut.

Von Würzburg geht es weiter nach Dettelbach, einem Juwel unter den mainfränkischen Winzerstädtchen. Nach einem Gang durch die malerische, mauerumfangene Altstadt sollte unbedingt der Wallfahrtskirche »Maria im Sand«, mit dem einmaligen Renaissanceportal

In Dettelbach *sollte unbedingt die Kirche Maria im Sand mit ihrem Renaissanceportal besucht werden.*

von Michael Kern und den barocken Kunstwerken, ein Besuch abgestattet werden. Die ganze Pracht geht angeblich auf einen kleinen Vorfall zurück: Ein auswärtiger Tagelöhner soll in Dettelbach arg verprügelt worden

sein, wurde aber gleich wieder gesund, nachdem er einen in den Weinbergen stehenden hölzernen Bildstock mit der Mater dolorosa angefleht hatte. Rasch hatte sich das Wunder herumgesprochen – und in nur zwei Jahren soll es über 60 Gebetserhörungen gegeben haben. Schon bald hatte der Ort seinen festen Platz in der Volksfrömmigkeit. Urban Degen, ein findiger Konditor aus dem Ort, kreierte sogar ein eigenes Wallfahrergebäck: Muskatzinen, ein feines, dezent süßes Gewürzbrötchen in Form einer Doppelmuschel.
Im Restaurant *»Himmelstoß«* trifft man Chefkoch Herbert Kuffer, einen gebürtigen Allgäuer mit Ideen. »Ich wollte schon immer ein edles Wirtshaus betreiben«, begründet er seinen Entschluss, sich in Dettelbach niederzulassen. Seiner kreativen Küche ist die fundierte Ausbildung durch seine süddeutschen Kochvorbilder anzumerken. Essen und Wein werden hier zu einer harmonischen Einheit. Besonders schön ist ein Aufenthalt hier im Spätsommer. Dann sitzt man unter einem Rebdach im romantischen Innenhof und genießt die Köstlichkeiten aus Küche und Keller, der vom Eigentümer, dem Weingut Glaser-Himmelstoß, gefüllt wird.

Von Dettelbach führt die Route durch die Weinberge nach **Escherndorf** mit seinen Spitzenlagen Fürstenberg und Escherndorfer Lump. Der Name »Lump« steht übrigens nicht, wie man vermuten könnte, für einen Ganoven, der sich im Weinberg herumtrieb, sondern geht auf die Aufteilung des Weinbergs in Kleinstparzellen zurück. Auf der Feldmarkenkarte sehen diese Parzellen aus wie ein »Teppich aus Lumpen«.
Überhaupt geben die Lagenbezeichnungen Auskunft über spezielle geologische Formationen oder historische Besitzverhältnisse. Einer, der sich hiermit besonders auskennt, ist der Winzer Egon Schäffer. Seit 1524 wird von seiner Familie in Escherndorf Weinbau betrieben. Sein Weingut fällt schon wegen des schön renovierten Anwesens in der Häuserzeile entlang der Astheimer Straße sofort auf. Egon Schäffer hat sich auf leichte, säurebetonte Rieslinge und Silvaner vom Eschendorfer Lump spezialisiert. »Ich verfolge konsequent die fränkische Tradition ursprünglicher Weine«, erklärt der Winzer und Kellermeister gerne bei einer Weinprobe in seinem überzeugenden Weinkeller.

Es sollte hier aber nicht zu viel probiert werden, denn die Fahrt geht weiter nach **Nordheim**. Der schnellste Weg ist ein Übersetzen mit der Fähre über den Main. Nordheim ist Frankens flächenmäßig größte Weinbaugemeinde. Der Ort schmückt sich gern mit Superlativen. Er gilt als das »sangesfroheste und musikalischste Dorf« mit den »schönsten Mädchen« im Bocksbeutelland. Einen Superlativ verdienen auf jeden Fall die Lagen Vögelein und Kreuzberg. Aus diesen Lagen kommen die ausdrucksvollen Weine von Wolfgang und Monika Glaser, die im Weingut Glaser-Himmelstoß in einer ansprechenden Vinothek verkostet werden können. »Wir verbinden traditionelle Arbeitsweisen mit neuen, umweltbewussten Gesichtspunkten. Bei unserem naturnahen Weinbau setzen wir nur schonende, biologische Mittel ein«, verkündet Wolfgang Glaser mit Nachdruck und schenkt eine Scheurebe Auslese vom Nordheimer Vögelein ein. Eine phantastische Balance von Eleganz und Fülle schmeichelt der Zunge. Rund ein Dutzend Rebsorten für Weißweine aus den eigenen Lagen in Nordheim und Dettelbach ergeben fein-fruchtige, spritzige und gehaltvolle Tropfen. Aber auch die soliden Spätburgunder und Schwarzrieslinge sind bemerkenswert.

Der Bildstock »Graue Marter« *bei Schwarzach-Gerlachshausen.*

Die Worte des Winzers »Man muss Neues probieren, um Bewährtes zu erkennen«, klingen einem noch im Ohr, wenn man weiterfährt auf der Bocksbeutelstraße, die über das mittelalterliche **Sommerach** mit den weithin bekannten Weinlagen Katzenkopf und Rosenberg, vorbei an dem sehenswerten Bildstock »Graue Marter« bei **Schwarzach-Gerlachshausen** nach **Kitzingen**, wo die Gebietswinzergenossenschaft Franken zu Hause ist, und dann nach **Iphofen** führt.

Der bekannte Frankenweinort liegt am Fuß des Schwanbergs, wo schon 1692 Silvanerreben gepflanzt wurden. Ein Rundgang innerhalb der imposanten mittelalterlichen Befestigungsanlage ist ein Muss. Besonders wegen des Rödelseer Tors und der Kirche St. Veit, wo man Tilman Riemenschneiders Evangelisten Johannes (um 1490) bewundern kann.

Überall ist der Einfluss des Würzburger Fürstbischofs Julius Echter zu spüren. So auch im *»Zehntkeller«*, dem ehemaligen Amtshaus der Würzburger Fürstbischöfe, heute stilvolles Romantik-Hotel.

Ein Rundgang durch die Geschichte Iphofens macht hungrig. Das weiß auch Chefkoch Werner Düring. Seine »sinnliche« Küche ist ein Genuss für Gaumen und Auge. Typisch Fränkisches mit einem Touch Zeitgeist kommt auf den Teller.

Am Marktplatz von Iphofen lädt das Weingut Johann Ruck zum Verkosten von Spitzenweinen ein. Die Wurzeln der Dynastie Ruck reichen bis in die Zeit von Karl dem Großen – schon vor 33 Generationen betrieben Vorfahren bei Tübingen Weinbau im Dienste der Karolinger. Vor 150 Jahren erreichte ein Zweig der Familie dann Iphofen, fertigte Fässer und kelterte Wein. Johann Ruck, Hans genannt, ist nicht nur Winzer, sondern auch passionierter Jäger: Den Rehen schmecken die würzigen Trauben am Waldgürtel zu gut. Und dann sind da noch die Wildschweine, die den Weinberg umwühlen. So wandert manches Stück Wildbret in die Küche des *»Zehntkellers«*. Hans Ruck hat eine Vorliebe für transparente, rassige, lichte Weine. So gibt er in speziellen Lagen auch der Scheurebe und der Huxelrebe eine Erfolg bringende Chance. Gleich welche Rebe – alle erfahren eine besondere Behandlung. »An Untagen schneiden wir die Reben nicht, bei zunehmendem Mond schießt der Saft aus dem Holz, wir warten, bis er abnimmt«, definiert Ruck beispielsweise den richtigen Rebschnitttermin. Steil- und Hanglagen werden aus Überzeugung und Notwendigkeit von Hand gelesen. Und was dann letztlich in den Fässern reift, sind schnörkellos perfekte Weine, vom Riesling bis zu den Würzsorten aus den Iphofener Spitzenlagen Julius-Echter-Berg, Kronsberg, Kalb und Rödelseer Schwanleite sowie Küchenmeister.

Auf der Südroute der Bocksbeutelstraße geht es weiter über Marktbreit und Frickenhausen nach Sommerhausen, dem romantischen Künstlerstädtchen am Main. Die Sommerhäuser Lagen Reifenstein, Steinbach und Ölspiel sind besonders für ihre Scheureben bekannt. Über die Mainbrücke gelangt man nach Winterhausen auf der anderen Seite des Mains. In Winterhausen fallen besonders die typisch fränkisch verzierten Fachwerkhäuser auf.

Zeit nehmen *sollte man sich für einen Bummel durch so malerische Weinorte wie Sommerhausen.*

Ein kulinarischer Geheimtipp im Ort ist der Hotel-Gasthof *»Schiff«* mit Meisterkoch Sven Roder am Herd. Eine verwinkelte, aber ausgeschilderte Gasse führt zu dem Haus direkt am Main. Wenn man auf der verträumten Terrasse original fränkisch tafelt, kann man sich vorstellen, wie früher die flussaufwärts fahrenden Mainschiffer hier Halt machten, um sich zu stärken. »Ich bin ein Verfechter fränkischer Kost«, bekennt Sven Roder und präsentiert eine Spezialität aus seiner Küche: Würzburger Kärrnesbraten.

Zurück auf die andere Mainseite geht's, wo die Route über das malerische Weinstädtchen Eibelstadt nach Biebelried führt und die Bocksbeutelstraße verlassen wird. In der »vormaligen Karawanserey«, dem heutigen Hotel-Restaurant *»Leicht«*, machten schon Kreuzritter, Kaiser, Könige und Kaufleute Rast, um »Atzung und Lager« zu erhalten. Die leichtsche Herberge lag immer äußerst verkehrsgünstig. Damals an der so genannten Heer- und Geleitstraße von Wien über Nürnberg nach Frankfurt, heute in der Nähe des Autobahnkreuzes. Chefkoch Georg Friedrich Leicht repräsentiert die vierte gastliche Generation. »Wir haben eine durchgehende Küche, das sind wir den reisenden Stammgästen schuldig«, betont er und hantiert im Kreise seiner motivierten Küchenmannschaft mit den Töpfen und Pfannen, in denen fränkische Spezialitäten garen. Es gibt auch Zwischengerichte wie »Blaue Zipfel im Wurzelsud« – ein Muss im *»Hotel Leicht«* mit seinen gemütlichen Gaststuben.

Nordostbayern ist ein einziges Fest für die Sinne: Augen, Nase, Mund, Ohren und Hände sind hier stets gefordert, das Besondere zu erleben: fein schimmerndes Porzellan und bekannte Porzellanbetriebe, tief grüne Fichtenwälder über wuchtigen Granitfelsen, romantische Flusstäler, heimatverbundenes Brauchtum und den Klang alter Kirchenglocken über verträumten Orten. Die Porzellanstraße verbindet all das.

Die Porzellanstrasse

Das erste hauchdünne Porzellan *stammt aus China. Hier ist eine »Pan-hu«-Vase aus der Ming-Dynastie des frühen 15. Jahrhunderts mit floralem Dekor zu sehen.*

Wer prächtige Krüge, Schüsseln, Karaffen und Becher aus Silber oder Gold besaß, stellte sie auf eine Anrichte neben dem Tisch – zum Anschauen, nicht zum Benutzen.

Jean Paul, der Dichterfürst aus der Romantik, schrieb: »Heiterkeit und Freudigkeit ist der Himmel, unter dem alles gedeiht«, und er meinte das Fichtelgebirge. Rau und abweisend muss die Region, die erst im Mittelalter besiedelt wurde, einst gewirkt haben. Das Leben war hart, die Landwirtschaft nicht ertragreich. Das Gestein aber barg Schätze, die es auszubeuten lohnte: Eisen, Kupfer, Zinn, sogar Gold und Silber, aber auch das begehrte Kaolin, einen feldspatartigen, feuerfesten Ton, wichtiger Grundstoff für die Porzellanherstellung. Wer der Porzellanstraße folgt, hat vielfältige Möglichkeiten, die faszinierende Welt des »weißen Goldes« kennenzulernen.

Im Europa des Mittelalters gab es eine Art Einwegteller: eine besonders harte, vier Tage alte Brotscheibe. In den reichen Häusern gab es dagegen prunkvolles Tafelgeschirr. Das Wichtigste war ein silberner Tafelaufsatz, häufig in Form eines Schiffs, abschließbar, in dem das kostbare Salz und andere Gewürze aufbewahrt wurden. Dieser Tafelaufsatz teilte im alten Europa die große Tafel in oben und unten: Oben, wo Gastgeber und Ehrengäste saßen, und unten, wo die minder bedeutenden Gäste saßen, auf dem Land auch das Gesinde. Die Schüsseln auf dem Tisch waren aus Zinn oder Ton.

700 n. Chr. kam in China Porzellan in Gebrauch und löste die bis dahin gebräuchlichen Lackgefäße ab. Porzellan wurde das bevorzugte Material für Essgeschirr. Im 17. Jahrhundert schrieb der kaiserliche Minister Chang Ying: »Als Geschirr ist Porzellan geeignet, man nehme jedoch nur feines und reines. Andernseits wähle man aber auch kein zu gutes, denn es zerbricht leicht und erleidet schnell Schaden«.

Bereits um 1300 widmete Marco Polo dem chinesischen Porzellan seine spezielle Aufmerksamkeit. In seinen Reiseberichten ging er auf dessen besondere Qualitäten sehr ausführlich ein. In den folgenden Jahrhunderten entwickelte sich eine rege Handelsbeziehung mit China: Ganze Schiffsladungen voll Porzellan wurden als Prestigeobjekte für den europäischen Adel exportiert. Es handelte

Neben edlem Porzellan *gibt es auch praktische Gebrauchskeramik, wie diese großen Kaffeebecher.*

Ein schönes Beispiel *für liebevoll handgearbeitetes Porzellan sind die Drachen der Firma Flügel.*

Wenn Sie entlang der Porzellanstraße *fahren, sollten Sie unbedingt einen Stopp in dem idyllisch gelegenen Ort Wunsiedel einlegen.*

Porzellan *wird aus Tonerde und Zusätzen, wie Feldspat oder Quarz, hergestellt und durch zweimaliges Brennen verfestigt.*

sich dabei um weißes, blau bemaltes Porzellan der Yüan-Zeit. Die verwendete Farbe hieß »Mohammedanerblau« und wurde aus dem Vorderen Orient importiert. Bei diesem Porzellan war die Form der Gefäße so wichtig wie ihr Dekor. Erst in der Ming-Zeit (14. bis 17. Jahrhundert) rückten die Muster ganz in den Vordergrund: Ausgefüllte Umrisslinien und florale Motive sind charakteristische Gestaltungsmerkmale dieser Zeit. Die ostasiatische Symbolik legt die Bedeutung jeder Pflanze, jeder Frucht bis ins kleinste Detail fest. Die Päonie, auch Pfingstrose genannt, steht für Reichtum und Vornehmheit. Der Pfirsich verkörpert die Unsterblichkeit. Das Astern-Bambus-Bukett drückt Wachstum und Zeit aus. Der Granatapfel gilt als Zeichen der Liebe und der Fruchtbarkeit.

Es waren die Portugiesen, die als Pioniere des europäischen Asienhandels das fernöstliche Porzellan nach Europa brachten. Ihnen lag zuerst an indischen Gewürzen, dann fuhren sie weiter bis China. Die Briten und Holländer zögerten nicht lange, es ihnen gleich zu tun. Auch die Dänen und Schweden traten in den Porzellanhandel ein. In Europa entstanden eindrucksvolle Sammlungen chinesischen Porzellans. Gleichzeitig wetteiferte man jedoch, seine Durchsichtigkeit, die Noblesse und die Schlichtheit seines Dekors, den Glanz der Farben und die kräftigen, unkomplizierten Formen nachzuahmen. Das 18. Jahrhundert wurde zum Jahrhundert des Porzellans.

Vielen ist die Geschichte vom Alchemisten J. F. Böttger und dem Sachsenkönig August dem Starken bekannt: Auf der Suche nach einem Verfahren, Gold herzustellen, gelang Böttger zum ersten Mal die Fertigung von Porzellan, heißt es. Doch so schön die Geschichte auch klingt, Tatsache ist, dass bis zu jenem Januar 1710 in Meißen den Fayencenmanufakturen das Mittel, den weißen, harten, hell klingenden Stoff zu erzeugen, fehlte. Es war Kaolin, der feldspatartige, feuerfeste Ton, den die Chi-

Die europäischen Steingutmanufakturen begannen sich an dem Glanz, der Zartheit des fernöstlichen Produkts zu orientieren. Das war auch der Grund für den erstaunlichen Aufstieg der Delfter Werkstätten, deren Blau-Weiß-Dekore durch chinesische Vorbilder inspiriert waren.

Die prächtigen Meißener Porzellanfiguren, *wie dieser Leuchter in Form einer Dame in Rokokokleidung (um 1765), sind hoch geschätzt und weltberühmt.*

Es werden verschiedene Glasuren *ausgeführt. Im Bild ist eine Unterglasur bei Rosenthalporzellan zu sehen.*

nesen kannten. In Meißen stieß man auf Kaolin, und auch die richtige Mischung mit Quarz und den Schmelzelementen gelang. Es entstand eine homogene, verglaste Masse: Porzellan.

Bis in die Mitte des 18. Jahrhunderts hinein behielt Meißen das Monopol des echten oder harten Porzellans. Andere Manufakturen kamen dem Porzellan-Geheimnis erst später auf die Spur. Durch ihr Suchen entdeckte man an mehreren Orten eine harte, cremeartige Masse, die zwar weniger durchsichtig war als das echte Porzellan, jedoch feiner, weißer und härter als das Steingut, das bislang gebräuchlich war. Man nannte diesen Werkstoff, der ohne Kaolin hergestellt wurde, Weichporzellan. Doch ob hart oder weich, Porzellan war dem Adel reserviert, dem begüterten Stand. Dieser begehrte es nicht nur aus ästhetischen Gründen: Wegen schlechter Staatsfinanzen im Reich Ludwig XIV. musste jeder sein privates Tafelsilber abliefern. Dadurch wurde die Entwicklung des Porzellans kräftig gefördert. Die Nachfrage nach den neuen weißen Servicen war groß.

Es ging den vielen französischen Manufakturen keineswegs nur darum, importierte Objekte nachzuahmen. Gewiss wollte man die Feinheit der weißen Masse, den Glanz und die Farbenpracht des chinesischen Porzellans erreichen. Es entstand jedoch auch manches reizvolle Motiv, das den Charme und die Eleganz des 18. Jahrhunderts eigenwüchsig verkörperte, zum Beispiel die Arabesken, das Laubwerk und die Girlanden, die aus der Zeit der Revolution stammten.

Mit Beginn der Industrialisierung hatte das Kleinbürgertum mehr Geld und suchte etwas Besseres als einfache Töpferwaren oder simples Steingut. Das Porzellan allerdings, echt oder imitiert, war noch zu teuer. Da gelang es in England Josiah Wedgwood, die Eigenschaften des Feinsteinguts (weißer Scherben und durchsichtige Glasur) zu perfektionieren, indem er Härte und Leichtigkeit hinzufügte. Das Porzellan des kleinen Mannes begann seinen Siegeszug durch Europa. Wedgwood war auch der erste Hersteller, der seine Produkte mittels Kupferdruck verzierte. Britische Fayencerien waren führend in der Keramikkunst, zumal ein besonderes Feinsteingut entdeckt wurde, dem eine bestimmte Menge verkohlter Knochen beigegeben wurde. Es ist heute noch als »bone china« bekannt. Das 19. Jahrhundert ist die goldene Zeit des Feinsteinguts. Das alte Steingut verlor an Bedeutung, der Glanz des Porzellans verblasste.

Ein Beispiel *für Wedgewood-Porzellan: Queen Victoria's Dressing Table im Osbourne House auf der Isle of Wight.*

Unter Porzellan werden heute im weitesten Sinn alle Tafelgeräte aus Steingut, Steinzeug, Porzellit und echtem Porzellan zusammengefasst. Alle diese Materialien sind aus Tonerde und Zusätzen wie Feldspat, Quarz oder anderen hergestellt und durch zweimaliges Brennen verfestigt.

Die geformte, gebrannte, unglasierte Tonmasse wird Scherben genannt. Aus

ihrer Beschaffenheit erkennt man die Art der Tonware. *Steingut* ist weiß, nicht durchscheinend, klingt tönern und ist erst durch eine Glasur dicht, allerdings meist nicht spülmaschinenfest. *Steinzeug* ist gelblich oder braun, nicht durchscheinend, klingt hell und ist auch ohne Glasur dicht und spülmaschinenfest. *Porzellit* oder *Vitro-Porzellan* entsteht durch die Vermengung der Rohstoffe von Steinzeug und Porzellan sowie durch eine bestimmte Brenndauer. Es hat die Merkmale von Steinzeug, ist aber dünner und besonders haltbar.
Porzellan ist das edelste unter den Geschirrmaterialien. Die Bezeichnung »Porzellan« stammt aus dem Italienischen von »porcella« (Muschel).

Gutes Porzellan ist weiß, durchscheinend, hat einen melodischen Klang, eine glänzende, durchscheinende Glasur und einen unglasierten, rauen Bodenrand. Porzellan ist aufgrund der Rohstoffqualität bei so hoher Temperatur gebrannt, dass es vollkommen dicht ist. Porzellan kommt mit Farb- oder Edelmetallverzierungen in den Handel, die unter oder auf der Glasur angebracht werden können.
Unterglasur-Dekor: Er liegt direkt auf dem einmal gebrannten Scherben unter der schützenden Schicht der Glasur. Nur besonders hochwertige Farben (Metallsalzlösungen und keramische Farben) können eingebrannt werden. Der Dekor ist unbegrenzt haltbar, Geschirr mit Unterglasur-Dekor ist spülmaschinenfest und strapazierfähig.
Inglasur-Dekor: Bei diesem Verfahren sinken die Farben beim Brennen in die Glasur ein. Dieser Dekor ist ebenfalls spülmaschinenfest. Er wird vielfach für Gastronomiegeschirr verwendet.
Aufglasur-Dekor: Bei dieser Art von Dekor können alle Farben, auch Silber, Gold und Platin, verwendet werden. Die keramischen Farben oder Metalle bzw. Metalloxyde werden mit leicht schmelzbaren Glasuren, etwa Glasfluss, versetzt, auf die bereits fertig glasierten Stücke aufgetragen und im Schmelzofen bei 870 °C eingebrannt. Dabei verbinden sich Glasur und Glasfluss, wodurch die Farbe haltbar wird. Geschirr mit Aufglasur-Dekor muss schonend gereinigt werden.

Eine Porzellankünstlerin *bei der Ausführung einer Inglasur bei Rosenthal.*

Aus zartem Porzellan, *wie dem aus dem Hause Rosenthal, sind geschätzte Kunstwerke.*

Für die Porzellanfertigung *werden verschiedene Glasurfarben benötigt.*

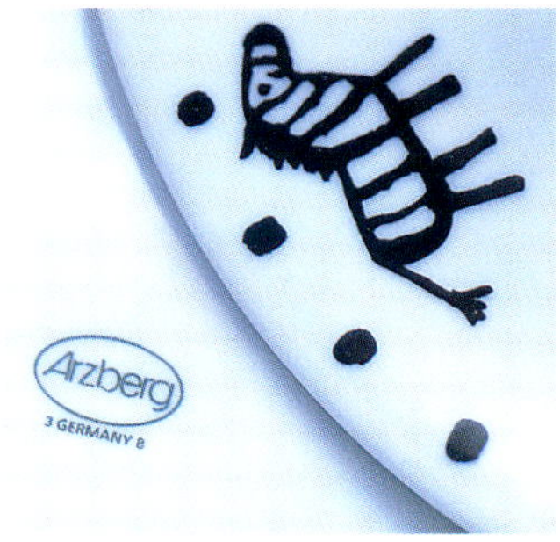

Arzbergporzellan *vertritt die junge Linie unter den Porzellanmanufakturen.*

Ein Teller *der Porzellanmanufaktur Dibbern, ehemals Hohenberg, der Wiege der nordostbayerischen Porzellanindustrie.*

Der Drache *ist das Firmenemblem der Firma Flügel.*

Zweihundert Jahre umfasst die Tradition der Porzellanherstellung in Nordostbayern. Die Verfügbarkeit von Rohstoffen und Brennmaterial, ein gemäßigtes Lohnniveau und die Nähe zu Erfolg versprechenden Absatzgebieten in Mittel- und Westdeutschland führte ab 1794 mit der »königlich-privilegierten Porzellanfabrik Tettau« zu weiteren zahlreichen Unternehmensgründungen.
Carolus Magnus Hutschenreuther war gelernter Porzellanmaler und verkaufte schon als 18-Jähriger das Porzellan aus dem väterlichen Dekorbetrieb im thüringischen Wallendorf bis ins Egerland hinein. In Hohenberg verliebte er sich in die Förstertochter und blieb hängen. Auf dem nahen Steinberg entdeckte er weiße Erde, die Porzellanerde Kaolin. Feldspat, Quarz und Brennholz, alles was man weiterhin zur Porzellanherstellung benötigt, gab es in der Nähe. Die Versuche zur Herstellung des »weißen Goldes« waren erfolgreich, aber es folgte ein acht Jahre währender Kampf mit den bayerischen Behörden, um die Konzession zur Herstellung von Porzellan, bis dahin Privileg der königlichen Manufakturen, zu erlangen. Als erster Privatmann erhielt Hutschenreuther 1814 schließlich das höchste Privileg zur Errichtung einer Porzellanfabrik in Nordbayern. Die Demokratisierung des »weißen Goldes« begann. Hohenberg war zur Wiege der nordostbayerischen Porzellanindustrie geworden. 1982 wurde in der Hutschenreuther-Villa das Museum der deutschen Porzellanindustrie eröffnet, ein Höhepunkt der Porzellanstraße.

Durch einen verheerenden Stadtbrand wurde Selb 1856 in Schutt und Asche gelegt. Als Retter erschien damals Lorenz Hutschenreuther. Der Sohn von Carolus Magnus schied 1856 aus dem väterlichen Betrieb in Hohenberg aus und baute sich eine eigene Porzellanfabrik im nahen Selb. Jetzt war der Siegeszug des Porzellans in dieser Region nicht mehr aufzuhalten.
So begann 1879 Phillip Rosenthal seine Laufbahn als Porzellanmaler und nahm erst 1891 die Produktion von Weißporzellan in Selb auf. 1896 richtete Franz Heinrich zunächst eine Malerei ein, um dann 1902 auch Porzellan herzustellen. 1910 wurde die

Die Entwicklung des Designs *aus dem Hause Hutschenreuther am Beispiel der Kaffeekanne: 1890 (links), 1950 (Mitte) und 1999 (rechts).*

Porzellanfabrik Christian Seltmann in Weiden ins Leben gerufen. Zunächst war man darauf bedacht, Gebrauchsgeschirr für die bürgerlichen Haushalte zu produzieren. Schon bald folgten Ziergegenstände: Sammeltassen, Obst- und Gebäckschalen, Pfeifenköpfe, Vasen, Figuren. Große Porzellanfabriken betätigten sich als Sponsoren, und ihr Ruf zog berühmte Künstler an. Wo sonst außer in Selb gibt es ein Hallenbad mit einem Porzellan-Sprungturm von Victor Vasarely?

In den 20er Jahren werden die Menschen zunehmend mobiler. Die Eisenbahn ist als Transportmittel nunmehr selbstverständlich. Die vornehme Gesellschaft überquert den Atlantik mit Luxusdampfern, genießt das erhebende Gefühl des Fluges mit dem Zeppelin. Es ist die große Zeit des Hotel- und Gaststättenporzellans. Da gilt es Bahnhofsrestaurants oder große Hotels auszustatten. Heinrich liefert das Porzellan für die Zeppeline, Bauscher in Weiden stattet Ozeandampfer aus. Phillip Rosenthal, Sohn des Firmengründers, entwickelte in den 50er Jahren die heute weltbekannte Rosenthal-Studio-Linie, um mit ausländischen Künstlern neue Wege in der Porzellankunst zu beschreiten. Theo Baumann, Tapio Wirkkala oder Mario Bellini sind Beispiele für den Erfolg von Rosenthal. Lange Zeit war die Arbeitsweise von Handarbeit geprägt, Maschineneinsatz fand nur zögernd ab der zweiten Hälfte des 19. Jahrhunderts Eingang. Als Einschnitte können die 20er und 50er Jahre sowie die Gegenwart bezeichnet werden. Sie brachten Automatisierung und Technisierung in den Bereichen Masseaufbereitung, Porzellanbrand, Drehen, Gießen und Dekorverfahren.

Bevor die eigentliche Produktion beginnt, entwerfen Künstler, Designer oder Modelleure das zukünftige Produkt. Die dreidimensionalen Gipsmodelle bilden die Grundlage zu den eigentlichen Arbeitsformen. Dabei muss natürlich der Materialschwund beim Brennen, aber auch die günstigste Zerlegung der mehrteiligen Gussformen berücksichtigt werden.

Porzellan besteht zu 50 Prozent aus Kaolin, zu 25 Prozent aus Feldspat und zu 25 Prozent aus Quarz. Die Rohstoffe werden zerkleinert und zu feinstem Pulver zerrieben. Durch Schlämmen und Sieben werden die Rohstoffe von Fremdstoffen befreit. Eine Filterpresse entzieht das überflüssige Wasser. Anschließend wird durch Kneten eine homogene Masse hergestellt. Sie ist die Grundlage für den nächsten Schritt, das Drehen oder das Gießen.

Seit dem Ende des 19. Jahrhunderts hat sich neben dem Drehen das Gießen von Porzellan durchgesetzt. Vor allem Hohlformen wie Kannen oder unsymmetrische Formen wie ovale Platten werden gegossen. Zum Gießen wird die Porzellanrohmasse mit Wasser und Zusatzmitteln wie Soda zu breiartigem Schlicker verflüssigt und dann in die Gipsformen gefüllt. Die Gipsform entzieht dem Schlicker Wasser, und an der Innenwand lagert sich eine gleichmäßige Masseschicht ab, der »Scherben«. Nach dem ersten Brand erhält das Porzellan durch Glasieren und den anschließenden Glattbrand seinen charakteristischen Glanz und die Festigkeit. Beim Brennen schwindet das Porzellan im Ofen, der Artikel »schrumpft« um etwa ein Siebtel seiner Größe. Nach dem Brand wird das Porzellan auf Fehlerfreiheit kontrolliert und sortiert.

Das älteste Verfahren, Porzellan farbig zu gestalten, ist die Handmalerei, heute eine seltene und luxuriöse Kostbarkeit. In der Massenproduktion haben sich moderne Bilder im Siebdruckverfahren durchgesetzt. Die gestanzten »Abziehbilder« werden auf das Porzellan aufgetragen und eingebrannt.

Eine Porzellanherstellerin *beim Füllen von Formen, was in der Fachsprache Porzellangießen genannt wird.*

Das Glasieren *einer Porzellanform ist reine Handarbeit.*

Beim Brennen *schwindet das Porzellan im Ofen. Erst wenn es aus dem Brennofen kommt, ist es fertig. Nun wird es auf Fehlerfreiheit kontrolliert und sortiert.*

Von Jürgen Benker *stammt die Oberpfälzer Spezialität Kartoffel-Trüffel-Püree mit Wan Tan von Wernburger Leberwurst und Gänsestopfleber.*

Ein lohnender *kulinarischer Zwischenstopp auf der Reise entlang der Porzellanstraße ist das Hotel-Restaurant »Burg Wernberg«.*

Kartoffel-Trüffelpüree mit Wan Tan von Wernberger Leberwurst und Gänsestopfleber

Für 4 Personen

Trüffelpüree

- *400 g Kartoffeln, gewaschen*
- *Salz, schwarzer Pfeffer aus der Mühle*
- *Kümmel*
- *250 ml Milch*
- *40 g Butter*
- *geriebene Muskatnuss*
- *1 TL Trüffelöl, schwarz*
- *40 g Wintertrüffel, gehackt*
- *2 EL steif geschlagene Sahne*

Wan Tan

- *40 g grobe Leberwurst*
- *30 g Gänsestopfleber, gewürfelt*
- *2 EL warmer Kalbsjus*
- *2 TL Schnittlauch, geschnitten*
- *1 TL Trüffelöl, schwarz*
- *Salz, schwarzer Pfeffer aus der Mühle*
- *12 Blatt Wan-Tan-Teig (Asienladen)*
- *Mehl zum Bearbeiten*
- *2 Eigelbe*
- *1/2 l Pflanzenöl zum Frittieren*
- *Kerbel zum Garnieren*

1 Die Leberwurst mit den Gänsestopfleberwürfeln vermischen. Warmen Kalbsjus, Schnittlauch und Trüffelöl zugeben. Alles vorsichtig verrühren und mit Salz und Pfeffer abschmecken.

2 Den Wan Tan-Teig auf einer leicht bemehlten Fläche auslegen. Die Leberwurstmasse in die Mitte geben. Die Teigränder mit Eigelb bestreichen und den Teig zusammenfalten. Die Nahtstellen fest zusammendrücken.

3 Das Öl auf 180 °C erhitzen und die Wan Tan darin goldgelb ausbacken. Herausnehmen und auf Küchenpapier entfetten.

4 Die Kartoffeln in Salzwasser mit etwas Kümmel weich kochen. Die Kartoffeln abgießen, schälen und noch heiß durch die Kartoffelpresse drücken. Die Milch mit der Butter aufkochen und unter die Kartoffeln rühren. Mit Salz, Pfeffer und geriebener Muskatnuss würzen.

5 Etwas Trüffelöl, die Trüffel und die Sahne unter das Kartoffelpüree heben. Auf Tellern anrichten und die Wan Tan darauf setzen. Das Gericht mit Kerbel garnieren und servieren.

Trüffel

Synonyme wie »weißes Gold« und »schwarze Diamanten« zeigen, dass es beim Trüffelgenuss um höchste Werte geht. Ganz oben in der Feinschmeckerrangliste steht die weiße Alba-Trüffel mit ihrem unverkennbar starken, sehr edlen Duft. Die schönsten Exemplare können bis 9000 Euro pro Kilogramm kosten.
Es gibt mehrere Gründe, warum Trüffel so teuer sind: Im Kampf der »Trüffel-Mafia« um die besten Reviere werden im Piemont und in Umbrien immer wieder einmal die unbezahlbaren Trüffelhunde der Konkurrenz vergiftet. Auch die mühsame Ernte in Handarbeit und das Wetter sind ausschlaggebend für die Höhe des Preises: Ist der Sommer zu nass und der Herbst zu trocken, verkümmern die edlen Pilze. Am besten wachsen sie auf kalkhaltigen, flachen Böden, die gut durchlüftet und lehmhaltig sind.

Die weißen italienischen Trüffel werden meist in den frühen Morgenstunden ca. 30 Zentimeter unter der Erde erschnüffelt und ausgegraben; für die Suche der französischen schwarzen Trüffel dagegen sind im Cahors und im Périgord verstärkt Schweine im Einsatz.

Forellentatar auf Kartoffelspänen

Für 4 Personen

- *2 Kartoffeln*
- *Salz*
- *schwarzer Pfeffer aus der Mühle*
- *4 EL neutrales Öl*
- *3 EL Olivenöl*
- *400 g Forellenfilet, enthäutet*
- *Saft von 1 Zitrone*
- *1 Bund Dill, fein gehackt*
- *1/2 Schalotte, fein gewürfelt*
- *1 Tomate, enthäutet und gewürfelt*
- *40 g Crème fraîche*
- *1 Bund Schnittlauch, in Röllchen geschnitten*
- *Salat zum Garnieren*

1 Die Kartoffeln schälen und in feine Streifen schneiden. Mit Salz und Pfeffer würzen. Die beiden Ölsorten in einer Pfanne erhitzen.

2 Je 1 Portion der Kartoffelstreifen in die Pfanne setzen und mit dem Löffel zu Talern formen. Diese goldgelb ausbacken und auf Küchenpapier entfetten.

3 Die Forellenfilets in feine Würfel schneiden. Mit Salz, Pfeffer und etwas Zitronensaft würzen. Dann den gehackten Dill sowie die Schalotten- und Tomatenwürfel unterheben.

4 Die Crème fraîche mit Schnittlauch verrühren. Mit Salz, Pfeffer und dem übrigen Zitronensaft abschmecken.

5 Die Kartoffelspäne und das Forellentatar portionsweise auf einem Salatbett anrichten und je 1 Teelöffel Crème fraîche darauf geben.

Chefkoch Heinrich Schöpf *kreiert im Restaurant »Jägerstüberl« Forellentatar auf Kartoffelspänen.*

Unterhalb der Freilichtbühne *des Luisenburg-Labyrinths außerhalb von Wunsiedel erwartet den Genießer die phantasievoll eingerichtete Gaststube des Restaurants »Jägerstüberl«.*

Forellentatar auf Kartoffelspänen.

In Weißenstadt *erwarten den kulinarischen Entdecker im Restaurant »Egertal« die Kochkünste von Peter Rupprecht. Kenner preisen seine Gerichte als einmalig in der Region.*

Eine Besonderheit im Gasthaus Egertal ist mit Sicherheit die Möglichkeit, einem Sternekoch in der Küche über die Schulter blicken zu können. Hier in der Küche lässt sich über die Speisenfolge genauso wie über die Liebe und das Leben im Allgemeinen reden.

Roulade vom Räucherwaller in seiner Sauce

Für 4 Personen

- *1 Waller (2 kg) samt Karkasse, vom Fischhändler filetiert und 1 Hälfte geräuchert*
- *100 g Sahne*
- *Salz*
- *schwarzer Pfeffer aus der Mühle*
- *1 Kopf Wirsing, gewaschen und geputzt*
- *140 g Butter*
- *Butter für die Folie*
- *2 Schalotten, in feine Würfel geschnitten*
- *200 ml trockener Weißwein*
- *300 g Crème double*
- *Saft von 1 Zitrone*
- *einige Zweige Basilikum und Thymian*
- *125 g steif geschlagene Sahne*
- *frisch geriebener Meerrettich zum Garnieren*

1 Die Mittelstücke von dem frischen und geräucherten Wallerfilet in 2 Zentimeter breite Streifen schneiden. Die anfallenden Schwanzstücke in feine Würfel schneiden.

2 Aus der Karkasse das restliche Fleisch mit einem Löffel herauskratzen und mit der Sahne und etwas Salz im Mixer zu einer Farce pürieren. Die Wallerwürfel unter die Farce rühren und die Masse kalt stellen.

3 Aus den äußeren Blättern des Wirsings die Blattrippen herausschneiden. Die Blätter in Salzwasser bissfest blanchieren. Herausheben und in Eiswasser abschrecken.

4 Den Backofen auf 110 °C vorheizen. Die Wirsingblätter auf einem etwa 20 Zentimeter langen Stück gebutterter Aluminiumfolie gleichmäßig auslegen und dünn mit der Farce bestreichen.

Roulade vom Räucherwaller in seiner Sauce.

5 Die Wallerstreifen mit Salz und Pfeffer würzen. Rohe und geräucherte Streifen übereinander auf die Farce legen. Die Roulade in der Folie fest einrollen, so dass sie einen Durchmesser von 4 bis 5 Zentimeter bei einer Länge von etwa 15 Zentimeter erhält. Die Folienenden fest einschlagen. Im heißen Wasserbad im Ofen etwa 35 Minuten garen.

6 Für die Sauce die Karkasse gut waschen. Die Hälfte der Butter in einer Kasserolle erhitzen. Die Schalotten und die Karkasse darin anschwitzen. Mit Weißwein ablöschen und auf 1/3 reduzieren.

7 1/4 Liter Wasser zu der Sauce gießen und alles nochmals reduzieren. Dann die Crème double einrühren. Die Sauce mit Salz, Pfeffer und Zitronensaft pikant abschmecken.

8 Basilikum und Thymian hinzufügen und die Sauce kurz aufkochen lassen. Danach 15 Minuten am Herdrand ziehen lassen, bis sie schön sämig ist.

9 Zum Schluss die Karkasse und die Kräuter entfernen und die Sauce durch ein feines Sieb passieren. Die restliche Butter in Stückchen mit dem Stabmixer in die Sauce einarbeiten. Die Sahne unterheben und die Sauce auf Tellern anrichten.

10 Die Roulade aus der Folie nehmen, in 4 Scheiben schneiden und auf die Sauce geben. Das Gericht mit etwas frisch geriebenem Meerrettich bestreuen. Dazu passen Butterkartoffeln.

Das Restaurant »Egertal« *liegt unweit vom Weißenstädter See, den man nach einem erlesenen Mahl in etwa einer Stunde umrunden kann.*

Zwischen Waldstein und Schneeberg im Fichtelgebirge liegt das wunderschöne Gasthaus Egertal.

Feinste, auserlesene Zutaten sind eine Voraussetzung für unübertreffliche Spitzengerichte.

Die Porzellanstrasse

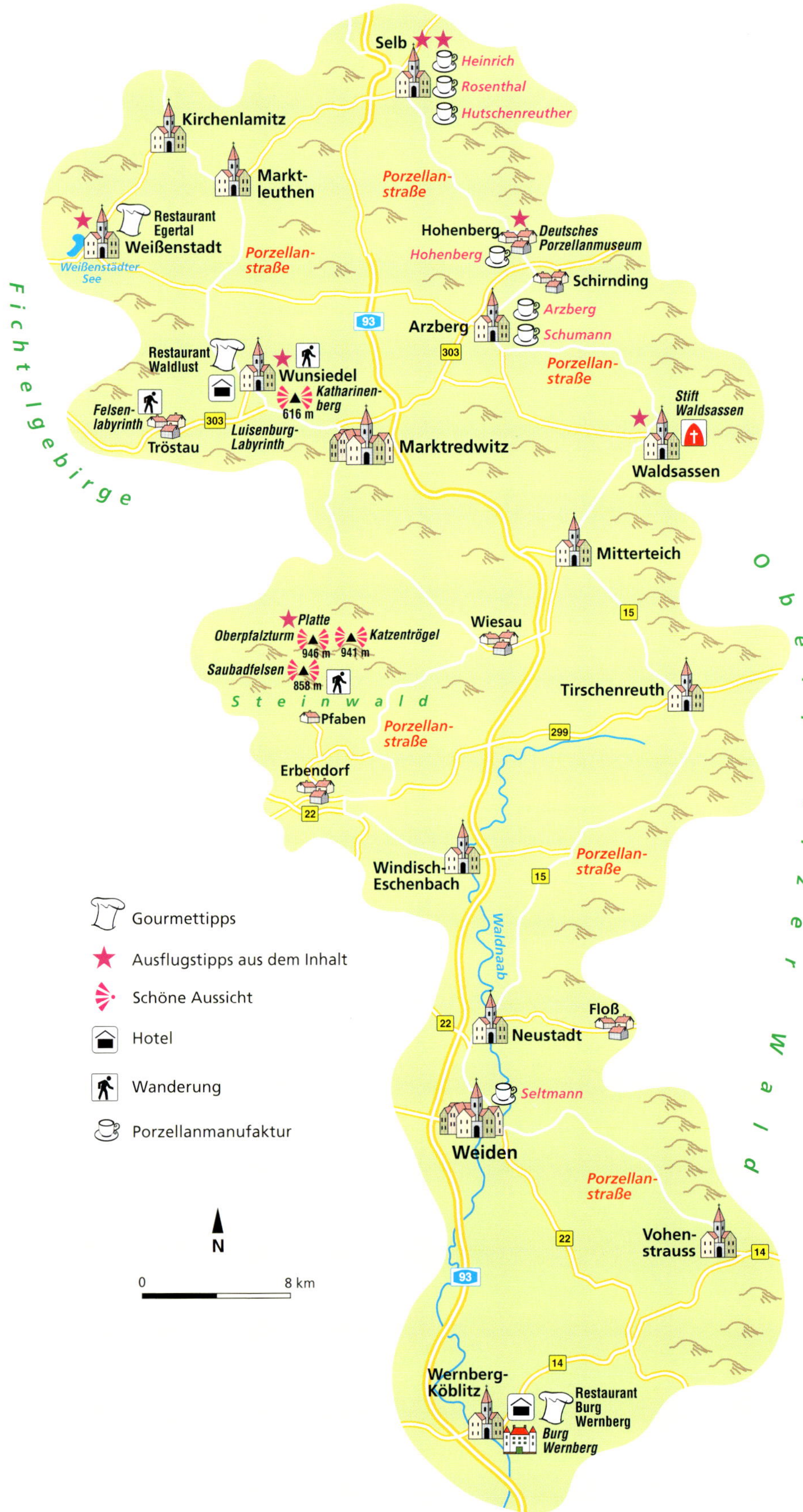

Routenbeschreibung

Die Porzellanstraße begeistert nicht nur Liebhaber(innen) edlen Porzellans. Schließlich führt sie durch eine der schönsten Mittelgebirgslandschaften Europas, durch Oberpfälzer Wald, Steinwald und Fichtelgebirge, altes Siedlungsland mit einzigartigen kulturellen und städtebaulichen Attraktionen. Sie führt in einen Landstrich, der bekannt ist für seine gepflegte Gastlichkeit und für die ausgeprägte Tischkultur. Die hier beschriebene Route durch Nordostbayern beginnt südlich von Weiden und endet in Weißenstadt im Fichtelgebirge.

Nach **Wernberg-Köblitz** gelangt man am schnellsten über die B93. Von weitem grüßt über dem Ort die romantische Burg Wernberg mit dem gleichnamigen Hotel-Restaurant *»Burg Wernberg«*. Man glaubt es kaum, dass diese Burg aus dem 15. Jahrhundert, längst dem Verfall preisgegeben, mit viel Initiative und Handwerkerfleiß wieder im alten Glanz erstrahlt und mit Gästen belebt wurde. Eine richtige Ritterburg, die man über eine robuste Zugbrücke betritt und wo man sofort von dem Charme der Höfe, Mauern, Türme und Durchblicke fasziniert ist. Welch ein Ort, dachte sicher auch Chefkoch Jürgen Benker, der sich hier mit seiner Kochkunst in einem historischen Ambiente mit modernen Akzenten verwirklichen konnte.

Innenansicht *des barocken Stifts Waldsassen.*

Nach dem Genuss der Oberpfälzer Spezialitäten mit einem guten Gefühl in der Bauchgegend geht es auf der B14 und B22 weiter nach **Weiden**, wo die Porzellanfabrik Seltmann zum Besuch einlädt.

Die Porzellanstraße folgt der B15 nach **Tirschenreuth** und weiter durch eine typische Hügellandschaft über **Mitterteich** der B299 nach **Waldsassen**. Im Jahr 1133 ließen sich die ersten Mönche des jungen Zisterzienserordens in der Region des heutigen Waldsassen nieder, die damals zum Egerland gehörte. Im 18. Jahrhundert erlebte das Stift Waldsassen einen neuen Boom, von dem die barocke Herrlichkeit des Klosterneubaus zeugt. Das Demutsgelübde der Zisterzienser führt die Stiftsbibliothek drastisch vor Augen. Als augenfällige Mahnung an die Mönche von einst hat der Schnitzer Karl Stilp die menschlichen Untugenden in zehn burlesken Gestalten, die die Galerie der Bücherregale stützen, personifiziert.

Der ungewöhnlichste Rundbau des Barock – *die Dreifaltigkeitskirche Kappel.*

In nächster Umgebung, in **Münchreuth**, steht der wohl ungewöhnlichste Rundbau des Barock: die Dreifaltigkeitskirche Kappel aus dem Jahr 1685.

Durch eine reizvolle Waldlandschaft führt die kleine Landstraße nach **Arzberg**, Deutschlands zweitgrößter Porzellanstadt. Die Anfänge der Porzellanfabrik Arzberg liegen im Jahr 1887. 1905 waren bereits 560 Arbeitnehmer in der aufstrebenden Fabrik beschäftigt. Heute hat die Stadt mit den wirtschaftlichen Gegebenheiten zu kämpfen. Im Glanz vergangener Zeiten sonnen sich nur noch die Porzellanfabrik Hutschenreuther mit der Marke »Arzberg« und die Porzellanfabrik Schumann. Beide bieten einen Werksverkauf an. Einige Kilometer weiter

liegt an der Grenze zu Tschechien das alte Sechsämterstädtchen Hohenberg. In der trutzigen Burg aus dem 13. Jahrhundert gründete Carolus Magnus Hutschenreuther 1814 eine Porzellanfabrik. Die Porzellanmanufaktur Hohenberg der Porzellanfabrik Dibbern bietet ihre Produkte auch im Werksverkauf an.
Gleich daneben befindet sich das Deutsche Porzellanmuseum. Auf rund 2000 Quadratmeter Ausstellungsfläche präsentiert es die Geschichte der Produkte der Porzellanhersteller im deutschsprachigen Raum. Vom 18. Jahrhundert bis in die Gegenwart reicht das Spektrum. So findet sich hier nicht nur die im Historismus produzierte Prunkvase, sondern auch die Inszenierung einer bürgerlichen Wohnsituation zur Zeit des Wilhelminismus oder eine Nierentisch-Wohnstube aus den 50er Jahren. Und es gibt sogar den Eindruck vom Kabineninneren einer Lufthansa-Maschine mit Bordgeschirr.

Im Porzellanmuseum *in Hohenberg kann man sich ausführlich über die Geschichte und die Herstellung von Porzellan informieren.*

Der Porzellanstraße folgend kommt man nach Selb, der größten Porzellanstadt Deutschlands. Nach der alles vernichtenden Feuersbrunst von 1856 gründete Lorenz Hutschenreuther die erste Porzellanfabrik in Selb und gab der Stadt eine neue wirtschaftliche Zukunft. Heute werden in Selb von den Firmen Hutschenreuther, Rosenthal und Heinrich fast 50 Prozent der deutschen Porzellanproduktion hergestellt. In der Porzellanmetropole ist der Werkstoff allerorten zu sehen: Ein Wandrelief aus Porzellanplatten zeigt die Geschichte der Stadt, es gibt Porzellangässchen und Porzellanbrunnen. Selbst der Sprungturm im Hallenbad wurde von dem Künstler Victor Vasarely mit farbigen Porzellanplättchen verziert, und sogar die Amtskette des Oberbürgermeisters ist aus Porzellan. Zudem grüßt schon von weitem die größte Porzellankaffeekanne der Welt.

Die größte Porzellankaffeekanne *der Welt begrüßt den Besucher in Selb.*

Neben dem üblichen Werksverkauf bieten Hutschenreuther und Rosenthal auch Werksbesichtigungen an. Ist die Rosenthal-Architektur mit Regenbogen- und Hundertwasserhaus schon sehenswert, so ist die Porzellanherstellung selbst, mit ihren vielen Arbeitsschritten, ein unbedingtes Muss auf dieser Route. Und wem die Abläufe zu industriell erscheinen, der kann im Atelier Flügel hautnah kunstfertigen Händen beim Garnieren und Bemalen ausgefallener Kreationen zusehen.

Von Selb aus orientiert man sich nach Marktleuthen, um dort die Straße nach Wunsiedel zu nehmen. Das gemütliche Städtchen war einst die Hauptstadt des Sechsämterlandes und als Zentrum der Bergbauregion so reich, dass man sich Stadtmauern aus Marmor leisten konnte. Wunsiedel ist stolz auf seine Brunnen, die anlässlich des Brunnenfestes am Samstag vor Johanni geschmückt und besungen werden. Auch auf den hier geborenen Erzähler Jean Paul sind die Wunsiedler stolz. Die Hauptattraktion aber liegt außerhalb des Ortes an den Hängen des Kösseine-Massivs: das geologische Phänomen des Luisenburg-Labyrinths. Der Name geht zurück auf die preußische Königin Luise, die 1805 zur Kur im nahen Alexanderbad weilte. Unterhalb der Freilichtbühne für die Luisenburg-Festspiele liegt das Restaurant *»Jägerstüberl«*. Wer ein rustikales Ambiente erwartet, wird angenehm überrascht. Hier wurde mit künstlerischer Phantasie ein Hort kulinarischer Genüsse geschaffen. Chefkoch Heinrich Schöpf zieht mit seiner Feinschmeckerküche eine Grenze zur elterlichen Ausflugsgaststätte für die Besucher des Felsenlabyrinths.

Beeindruckend *ist die Rosenthal-Architektur mit Regenbogen- und Hundertwasserhaus in Selb.*

Keine 20 Kilometer entfernt liegt die letzte Station auf dieser Route der Porzellanstrasse: Weißenstadt. Im 13. Jahrhundert hieß der Ort noch »Alba Ecclesia«, also Weißenkirchen. Dieser Name kam daher, dass dort einst eine weiße Steinkirche stand – eine Besonderheit, denn zu jener Zeit gab es nur dunkle Holzkirchen. Die bewegte Geschichte der Stadt sieht man dem Ort heute nicht mehr an. Besondere Wahrzeichen sind die Scheunenzeilen. Aus welcher Richtung man auch nach Weißenstadt kommt, man muss sie passieren. Nach einem großen Brand von 1823 durften Scheunen nur noch außerhalb der Stadtmauern errichtet werden.

Auffallend ist auch das Ensemble von Felsenkellern. Diese Vorratskeller für landwirtschaftliche Produkte sind in der Region selten. Und noch etwas ist in Weißenstadt allgegenwärtig: Granit.

Nicht auf Granit, sondern auf erlesene Köstlichkeiten beißt man im Restaurant *»Egertal«*. Die besternte Kochkunst von Peter Rupprecht ist einmalig in der Region. Genau richtig, um die Eindrücke der Porzellanstraße nochmals Revue passieren zu lassen. Wer sich nach dem Essen gerne die Beine vertritt, kann dies bei einem Spaziergang (ca. 1 Stunde) um den Weißenstädter See tun.

Wandervorschlag 1

Durch das Felsenlabyrinth bei Tröstau

Das Naturschutzgebiet besteht aus einem Nadelhochwald, der von mächtigen Granitblöcken durchsetzt ist. Sie bilden ein Felsenchaos: Steile Wände wechseln mit tiefen Schluchten und kühlen Grotten, in denen stellenweise das seltene Leuchtmoos schimmert.

Von den Parkplätzen an der Naturbühne vorbei in Richtung Luisenberg-Labyrinth-Kasse gehen Sie durch Felsenschluchten und über viele Treppen durch das Felsenlabyrinth und wieder zurück.

Gesamtgehzeit: ca. 1 Stunde. Markierung: blauer Pfeil (Aufstieg); roter Pfeil (Abstieg).

Ein Naturerlebnis, *das man sich nicht entgehen lassen sollte, ist das Felsenlabyrinth bei Tröstau.*

Wandervorschlag 2

Von Wunsiedel auf den Katharinenberg

Sie fahren in Richtung Marktredwitz. Noch in Wunsiedel, hinter der Brücke über die Röslau, wenden Sie sich nach links (Wegweiser zum Freizeitzentrum Katharinenberg) und folgen der serpentinenreichen Straße bis zum Parkplatz beim Vereinsheim der Schützengesellschaft. Von dort aus gelangen Sie auf dem bergan führenden Waldweg in etwa 10 Minuten zur Ruine der Katharinenkirche, einem aus dem 14. Jahrhundert stammenden einstigen Wallfahrtsziel. Von dem 616 Meter hohen Berggipfel haben Sie eine weite Aussicht.

Ulm ist mehr als eine alte Stadt: Es ist Stein gewordene Geschichte und Geschichten, geschaffen von umsichtigen Kaufleuten und fleißigen Handwerkern, die trotz aller Arbeit und Mühen dem Leben auch angenehme Seiten abgerungen haben. Tun Sie es ihnen gleich, und lernen Sie in einer kulinarischen Rundfahrt »Schwabens schönes Haupt und Sonnenschein«, wie man im 14. Jahrhundert Ulm pries, auf das Angenehmste kennen.

In Ulm, um Ulm und um Ulm herum

Das ganzfigurige Porträt *Kaiser Heinrichs IV. ist aus dem Jahre 1845 und stammt von Johann Eduard Ihlee.*

Im berühmten *»Ulmer Münzhaus« wurde im Mittelalter Geld geprägt.*

Die Altstadt von Ulm *lädt zu einem lohnenden Spaziergang ein. Die Gassen im Fischerviertel vermitteln dem Besucher auch heute noch einen Eindruck vom reichsstädtischen Leben.*

Der Zungenbrecher »In Ulm, um Ulm und um Ulm herum« beschreibt ein Gebiet, dem Reisende schon immer viel abgewinnen konnten. Ulm selbst mit dem höchsten Kirchturm der Welt und mit dem weltoffenen Flair einer ehemaligen Freien Reichsstadt ist eine Reise wert. Und auch »um Ulm herum« warten Ziele auf den Besucher, die Einblicke in die Geschichte der über 1100-jährigen Stadt und des von ihr geprägten Umlandes ermöglichen. Ulmer Spatz, Ulmer Schachtel oder der Schneider von Ulm: Begriffe, die in der Erinnerung haften bleiben.

Schon 854 bestand die in einer Urkunde erwähnte königliche Pfalz, die mit den Jahren zu einem politischen Zentrum in der Karolingerzeit wurde. Wo der Name Ulm herkommt, weiß keiner so recht. Doch auf jeden Fall ist Ulm ein Ort, in dem schon immer Geschichte geschrieben wurde.

So setzte sich 1077 der Kaiser Heinrich IV. hier nach seiner Rückkehr aus Canossa wieder seine Krone aufs Haupt. Dankbar schenkte er dem Herzogtum Schwaben bzw. seinem Schwiegersohn Friedrich von Staufen die alte Salierresidenz. Unter den Staufern erhielt Ulm das Stadtrecht und wurde später zur Freien Reichsstadt.

Das 14. und 15. Jahrhundert waren die Blütezeit der Stadt. Zunächst wurde das Stadtgebiet 1316 um das Vierfache vergrößert. Um 70 Hektar errichtete man eine Mauer, eine Befestigungsanlage, die ständig erneuert werden musste, viel Geld kostete und nur einmal – durch List – bezwungen wurde.

Zum Schutz der eigenen Unabhängigkeit übernahm Ulm die führende Rolle in verschiedenen Städtebünden, zuletzt im Schwäbischen Kreis. Dank seiner günstigen Lage an wichtigen Handelswegen wurde Ulm alsbald zu einer reichen Stadt, deren Größe nur noch von Nürnberg übertroffen wurde. »Venedigs Macht, Augsburger Pracht, Nürnberger Witz, Straßburger G'schütz und Ulmer Geld regieren die Welt.« Für bare Münze darf dieser Spruch nicht genommen werden. Richtig ist, dass im Münzhaus im Fischerviertel Geld geprägt wurde, aber nur sporadisch, wenn die Kassen wieder einmal leer waren. Die heutzutage begehrteste Ulmer Münze, der eckige »Ulmer Gulden«, war denn auch gar kein Zahlungsmittel, sondern eine Notsteuer. Während des Spanischen Erbfolgekriegs war Ulm durch eine List von bayerischen Soldaten eingenommen worden, die sich, als Bauern verkleidet, in die Stadt geschlichen hatten. Drei Jahre lang, von 1702 bis 1704, blieb die Stadt besetzt, erst von den Bayern, die Ulm an die Habsburger verschachern wollten, dann von den Franzosen. Letztere verlangten von der geplagten Stadt 415 000 Gulden für ihre Kriegskasse. Aus Geschirr und Schmuck ließ der Rat Münzen schlagen, deren Umschrift »da pacem nobis domine«, »Herr, gib uns Frieden«, nur allzu verständlich ist. Weil die Zeit nicht reichte, die Gulden rund auszustanzen, blieben die Münzen eckig – und sind heute gesuchte Raritäten.

Maßgeblich beteiligt am Wohlstand des mittelalterlichen Stadtstaats Ulm waren vor allem die Handwerker und Kaufleute. Es war die Zeit der Zünfte. Die reichste und mächtigste der 17 Zünfte waren natürlich die Kramer, die ärmsten die Bader, zu denen auch die Wundärzte, Reiber, Masseure und Schröpfer gehörten. Ulmer Kaufleute nutzten die günstige Lage der Stadt an den Fernhandelsstraßen und dem Schiffahrtsweg der Donau, machten sie zum wichtigsten Stapel- und Handelsplatz in Süddeutschland für Korn, Eisen, Salz, Wein, Tuch und Spezereien.
Ulms Weber begründeten mit der Qualität ihrer Leinwand Ulms Ruf als Textilstadt. Im 13. Jahrhundert kamen Woll- und Lodenstoffe dazu, im 14. Jahrhundert die Barchentweberei, die 250 Jahre lang eine Monopolstellung in Europa hatte. Barchent war ein Gemisch aus Baumwolle und Leinen, dessen Herstellung Ulmer Kaufleute in Oberitalien kennen lernten.
Bis ins 16. Jahrhundert war dieses »Ulmer Tuch« verbreitet, das auf der Ulmer Barchentschau nach strengster Prüfung mit einem Gütesiegel versehen wurde. Transportiert wurde die Ulmer Ware auf Zillen, deren Bau und Einsatz von der Ulmer Schifferzunft überwacht wurde. Je nach Bedarf wurden die Zillen mit Aufbauten zum Schutz von Personen und Fracht versehen. Wenn sie am Zielort (meist Wien) nicht zerlegt und als Brennholz verkauft wurden, zogen Pferde die mit Salz und Eisen beladenen Schiffe wieder donauaufwärts.
1745 trat Kaiser Franz I. nach seiner Krönung in Frankfurt samt Gattin Maria Theresia und Hofstaat die Heimreise nach Wien auf 34 Ulmer Zillen an, sicher geleitet von den hervorragend ausgebildeten Ulmer Schiffsleuten.

Im 18. Jahrhundert waren während der Schwabenzüge unzählige Auswanderer an Bord, die eine neue Heimat in den von den Türken befreiten Ländern suchten. Der Name »Ulmer Schachtel« entstand im letzten Jahrhundert am Neckar, wo man sich über die einfachen, nicht sehr eleganten Ulmer Schiffe lustig machte. Die Ulmer haben sich daran gewöhnt, nur an ihrem Feiertag, dem »Schwörmontag«, nennen sie ihre Schachteln respektvoll »Ordinari-Schiffe«. An diesem Tag gibt der Oberbürgermeister in jedem Jahr vor versammelter Bürgerschaft seinen Jahresbericht, Rechenschaft und Ausblick. Er erneuert den über 600 Jahre alten Schwur, »Reichen und Armen ein gemeiner Mann zu sein, in den gleichen, gemeinsamen Dingen, ohne allen Vorbehalt«. Als dieser Schwur 1397 zum ersten Mal auf dem Weinhof vom Balkon des Schwörhauses geleistet wurde, legten neben dem Bürgermeister auch der Rat

Die Relikte *der alten Ulmer Stadtmauer erinnern noch an die Blütezeit der Stadt im Mittelalter.*

Das prächtige *»Zunfthaus der Schiffsleute« mit seinem schönen Aushänger ist ein Paradebeispiel für mittelalterliche Fachwerkarchitektur.*

Die Abbildung *zeigt ein altes Relief der Stadt Ulm.*

Einen Besuch *des Ulmer Rathauses, mit seinen herrlich verzierten Fassaden und der astronomischen Uhr, sollten Sie sich nicht entgehen lassen.*

Das Ulmer Münster *wurde 1377 als gotische Hallenkirche begonnen und nach mehreren Jahrhunderten vollendet.*

und die Bürgerschaft den Schwur auf die Verfassung ab. Diese Verfassung, eine der ältesten ihrer Art auf der Welt, hatten die freien Bürger der Stadt nach langen harten Kämpfen ausgehandelt. Die aufstrebenden Zünfte, denen die Stadt den Großteil ihres Reichtums verdankte, regierten von nun an gemeinsam mit den Patriziern, den Nachkommen adeliger Dienstleute der einst königlichen Stadtherrschaft. Der Große Schwörbrief garantierte ihnen sogar die Mehrheit im Rat, beließ den Patriziern jedoch den Großteil der angestammten Privilegien. Die Patrizier lebten von den Abgaben, die ihnen von ihrem Grundbesitz zuflossen, und beanspruchten die führende Rolle im Stadtregiment. Der Kaiser verlieh 1552 an 17 Ulmer Patrizierfamilien den erblichen Adel und garantierte ihnen die Mehrheit im Rathaus, was praktisch die Gleichsetzung von Obrigkeit und Patriziat bis zum Ende der Reichsstadtzeit 1802 bedeutete.

Geplant und finanziert wurde das Ulmer Münster, der Kirchenbau mit dem höchsten Kirchturm der Welt, nicht von Bischöfen oder Fürsten, sondern von den Bürgern der Stadt, von Patriziern, Kaufleuten und Handwerkern. 1377 legte Bürgermeister Ludwig Krafft den Grundstein zu dem gewaltigen Bauwerk. Fast 200 Jahre lang spendete die Ulmer Bürgerschaft jede freie Münze, freiwillig, wohlgemerkt, für ihr Münster. Sogar die Dirnen lieferten Teile ihres Lohns an die Bauhütte ab. Nicht Größenwahn, sondern die Größe eines besonderen städtischen Geistes ließ das gotische Bauwerk von 1377 bis 1543 in die Höhe wachsen und Ulm zum Zentrum künstlerischen Geschehens werden.

Berühmte Baumeister wie Parler oder Böblinger und Künstler, vor allem Syrlin und Multscher, gaben dem Kirchenbau sein Gepräge. Aufgrund eines Baustopps wurden erst nach 300 Jahren die Chortürme und der Hauptturm vollendet. Als dann 1890 der Schlussstein in der 342 Zentner schweren Kreuzblume in 162 Meter Höhe verankert war, konnte der Kirchturm-Weltrekord gefeiert werden.

Fürstenschlösser oder bischöfliche Residenzen sucht man in Ulm vergebens. Auch Barockes hat in Ulm keine Bedeutung, da diese Epoche in Ulm wegen Geldmangels keine Spuren hinterließ. Das Bild der Stadt bestimmen städtische Gebäude, die Macht- und Verteidigungswillen der Bürger eindrucksvoll zum Ausdruck bringen: gewaltige Stadelbauten, die mit ihren eingelagerten Vorräten die Versorgung der Bevölkerung sicherstellen sollten. Die praktischen Ulmer hatten diesen Bauten immer eine Mehrfachnutzung zugedacht. Der Neue Bau diente neben der Lagerung von Vorräten auch als Gefängnis für Leute von Stand. Im Schuhhaus verkauften im Erdgeschoss die Bäcker und Schuster ihre Waren, während im Obergeschoss sich die Patrizier zum

Tanz versammelten. Und im Schwörhaus lagerte auf den Fruchtböden das Getreide, und im Gewölbe wurden die Weinfässer aufbewahrt, die auf dem Weinhof verkauft werden sollten.

Typisch für Ulm ist auch der Salzstadel von 1592. Er war für das weiße Gold nicht nur Lagerhalle, sondern auch Umschlagplatz. Heute beherbergt der stattliche Bau das Deutsche Brotmuseum – übrigens auf eine Initiative des Ulmer Fabrikanten Willy Eiselen hin. Er hatte Gerätschaften und Gegenstände gesammelt, die den Handwerken der Bauern, Müller und Bäcker entstammten und über die vielen einzelnen Arbeitsgänge auf dem langen Weg vom Korn zum Brot Auskunft geben. Dieser Sammlung ist es zu verdanken, dass 1955 das erste dem Brot gewidmete Spezialmuseum gegründet werden konnte. Die stetig wachsende Sammlung von wertvollen und seltenen Exponaten aus aller Welt wird heute von Dr. Hermann Eiselen im Sinne seines Vaters weiter betreut und fand im Salzstadel eine würdige Präsentationsform. Über mehrere Stockwerke hinweg kann man sich mit der 8 000-jährigen Geschichte des Brotes auseinander setzen, erkennen, welche Bedeutung das Nahrungsmittel für die kulturelle Entwicklung der Menschheit hat, und darüber nachdenken, was Hunger für Menschen bedeutet.

Der anstrengende Aufstieg *auf den Münsterturm wird mit einem einzigartigen Blick auf den Münsterplatz belohnt.*

Südöstlich von Ulm befindet sich der Ulmer Winkel, das landschaftlich reizvolle Dreieck zwischen Donau und Iller, das bis 1803 im Besitz der Freien Reichsstadt war. Dort hatten schon im Mittelalter Ulmer Patrizier und Kaufleute ihre Landsitze. Diese kleinen Residenzen, mehr Herrensitze als Schlösser, wurden vor allem Ende des 16. Jahrhunderts erbaut und zeugen noch heute vom Augenmaß ihrer Erbauer: Nicht mit Prunk und Protz, sondern mit schlichten Fassaden und kunstvoll ausgestalteten Innenräumen demonstrierten sie ihren gesellschaftlichen Rang.

Der Beschluss, Ulm zu einer »Festung ersten Ranges« auszubauen, wurde schon beim Wiener Kongress gefasst. Ulm sollte wegen seiner strategischen Lage zwischen Wien und Paris zum »großen Waffenplatz«, zum zentralen Stützpunkt für eine große Armee werden. Finanziert wurde der Festungsbau in der Hauptsache mit Kriegsentschädigungen Frankreichs von 1815. Die Planung der monumentalen Anlage, die heute noch in ihren wesentlichen Teilen erhalten ist, wurde dem preußischen Major von Prittwitz übertragen, der von Anfang an die Entwicklung der Stadt in seine Pläne einbezog: die Verdreifachung der Einwohnerzahl.

Prittwitz entwarf eine gigantische Ringfestung mit einer Hauptumwallung von Ulm und Neu-Ulm als Brückenkopf. Zentrum und stärkster Teil der Umwallung ist die Wilhelmsburg auf dem Michelsberg. Von hier führen Mauern und Wälle beidseitig zur Donau hinunter, unterbrochen von Bastionen und vier Stadttoren, von denen noch zwei erhalten sind,

In den typischen *Geschäftshäusern waren die Ladenräume in der unteren und die Wohnräume der Familie in den oberen Etagen untergebracht.*

Der einstige Zunfttanz der Küfer, der in Württemberg erhalten geblieben ist, verschönert in Ulm so manche Festlichkeit. Alle vier Jahre sind die Binder beim Schwörmontag dabei. Tänzer wie Tänzerinnen sind auch heute noch Küfer oder entstammen alten Fassbindergeschlechtern. Getanzt wird selbstverständlich in historischer Tracht.

Der »Ulmer Geigerknödel« *ist eine beliebte Suppeneinlage. Er wird aus ungesalzenem Weißbrot, »Ulmer Mutscheln« oder »Ulmer Geigen«, hergestellt.*

Die Legende *von den »Ulmer Spatzen« hat die hiesigen Bäcker dazu inspiriert, ein gleichnamiges Laugengebäck zu kreieren.*

das Ehinger und das Blaubeurer Tor. 1859 wurde der 1842 begonnene Festungsbau vollendet. Im Kriegsfall sollte die Festung 100 000 Mann und Ausrüstung aufnehmen. Ulm war Garnisonsstadt geworden: 26 000 Soldaten standen 25 000 Zivilisten gegenüber. 1873 war alles ohne Kriegshandlungen vorbei, und 16,5 Millionen Gulden waren in den Sand gesetzt.

Ein Relikt aus dieser Zeit ist die Stadt Neu-Ulm, die 1869 dort entstand, wo einst die Ulmer ihre Kühe weiden ließen und Spargel sowie sonstiges Gemüse anbauten. Als Napoleon 1810 das Gelände den Bayern zukommen ließ, hatte die Gemeinde mit 64 Einwohnern nicht einmal einen eigenen Namen. Man nannte sie »Ulm auf dem rechten Donauufer«. Mit dem Bau der Bundesfestung kam dann auch ein wirtschaftlicher Aufschwung in die Garnisonsstadt, die aus tristen Kasernenbauten und Gastwirtschaften bestand. Noch heute leidet Neu-Ulm sehr unter dem Stadtplan mit den sich rechtwinklig schneidenden Straßen, dem ein Zentrum fehlt. Die Bevölkerung der Nachbarstädte an der Donau wollte den Anachronismus der geteilten Stadt beseitigen, doch die Parole der bayerischen Landesregierung lautete: »kein Fußbreit bayerischen Bodens an Baden-Württemberg.« Ungeachtet dessen haben sich die Städte zu gemeinsamem Handeln in allen Fragen von gemeinsamem Interesse verpflichtet.

Seit 1471 hatte hoch auf dem Münsterdach eine aus Ton gefertigte Tiergestalt, stark verwittert und einem Reichsadler ähnlich, gehockt. Im 19. Jahrhundert wurde dieser Urvogel durch einen Spatz ersetzt. Anlass genug für den Ulmer Konditor Tröglen, 1860 den Spatz in Zucker oder Schokolade zu gießen und ihn mit einem selbstverfassten Gedicht unters Volk zu bringen. Seitdem ist der Ulmer Spatz im wahrsten Sinne des Wortes in aller Munde. Doch wie kam der Spatz aufs Dach? Einer Legende zufolge konnte der Bau des Münsters nur mit seiner Hilfe vollendet werden. Die Bauleute kamen nämlich nicht durchs Stadttor, weil sie die Baumstämme quer auf die Wagen geladen hatten. Schon wollte man das Tor abbrechen,

Auch die Konditorei Reichhard *nahm die Geschichte von den »Ulmer Spatzen« zum Anlass und verkauft köstliche Schokoladenspatzen aus eigener Herstellung.*

als ein Spatz, der mit einem Strohhalm in sein Nest wollte, den richtigen Weg wies: Er hatte den Halm statt quer der Länge nach in den Schnabel genommen. Den Spitznamen »Ulmer Spatzen« hatten die Münsterstädter aber schon wesentlich früher, wohl wegen ihrer Vorliebe für die Spätzle, das nudelige schwäbische Nationalgericht. So hießen die Ulmer Soldaten in der Armee des Schwäbischen Kreises bereits zu Beginn des 17. Jahrhunderts die »Spatzenschützen«.

Eine Delikatesse aus den Zeiten des Mittelalters ist das »Ulmer Zuckerbrot«, 1597 erstmals als »Ulmer Brot« erwähnt. Dass gerade in Ulm jemand auf die Idee kam, schlichten Hefeteig mit Malagawein, Rosenwasser und Gewürzen wie Anis und Fenchel zu verfeinern, ist kein Wunder. Denn die freie Reichsstadt lag im Schnittpunkt der Handelswege. Und genug reiche Leute gab es auch, die sich einen Laib Zuckerbrot mit Rosenwasser aus den Mittelmeerländern und Malagawein aus Spanien leisten konnten. Dieses Traditionsgebäck wird noch heute nach Originalrezept von einem Bäcker in der Herrenkellergasse hergestellt.
Das »Querlegen«, eine typische Ulmer Eigenschaft, spricht in einer anderen Legende eher für den Witz der Ulmer. Derzufolge hatte ein Fugger den Ulmern für den Münsterbau einen Riesenbaum gestiftet, mit der Zusage, man könne alle Bäume, die beim Abtransport im Weg stünden, ebenso mitnehmen. Die schlauen Ulmer legten daraufhin den Stamm quer und holzten kräftig ab im Fuggerschen Besitz.

Als »Schneider von Ulm« von seinen Zeitgenossen verhöhnt und verspottet, gilt Albrecht Berblinger heute als findiger schwäbischer Tüftler, als Konstrukteur des ersten halbstarren Hängegleiters. Aus dem Waisenhaus kommend, musste er den ungeliebten Beruf des Schneiders ergreifen. Seine Leidenschaft gehörte jedoch der Mechanik. Selbst als erfolgreicher Schneidermeister konstruierte er nebenher Kinderwagen, entwickelte sogar Beinprothesen, deren Funktion von den Ulmer Ärzten hoch gelobt wurde. Das Streckgelenk seiner Prothesen verwendete er auch bei seinem Flugapparat, den er ab dem Jahre 1808 erprobte.
Besessen von der Idee, durch die Lüfte zu gleiten, musste er den berühmten Fehlversuch von der Adlerbastei erleiden. Vor den Augen des Königs von Württemberg und zehntausender Zuschauer stürzte Berblinger wie ein Stein in die Donau, nicht ahnend, dass an dieser Stelle stets Abwinde herrschen – die Gesetze der Luftströmung waren leider noch unbekannt. Berblinger überlebte den Absturz, aber er hat sein Missgeschick niemals verkraftet – er starb 1829 in einem Ulmer Spital an Auszehrung.

Der Ulmer Weber Johann Jakob Glöckle schnitzte 1733 die erste Pfeife aus Maserholz und wurde damit zum Begründer der Ulmer Pfeifenmacherei. Maserholz ist eigentlich eine Laune der Natur, es ist kraus gewachsenes Holz, das sich vor allem an Wurzeln und Stammauswüchsen bildet. Die feinste Maser ist die des Buchsbaums. Gut 100 Jahre lang waren die wunderschön geformten handgeschnitzten »Ulmer Pfeifen«, die durch ein Rohr aus Weichselholz und eine beinerne Spitze komplettiert wurden, begehrte Objekte. Sie wurden als Besonderheit mit dem »Ulmer Kopf« hergestellt, den als Beschlag ein helmartiger Deckel aus Silber mit verschiedensten Motiven schmückt. Der dazugehörende Tabak wurde in Ulm und Umgebung in großem Stil angebaut und in vier Fabriken in der Stadt verarbeitet.

Handgeschabte Spätzle *mit Zwiebelrostbraten gehören in Ulm zu den Klassikern und fehlen auf keiner Speisekarte.*

Nach der Stadtbesichtigung *schmeckt eine erfrischende Apfelschorle.*

Der Ulmer Messbrocken, *ein buntes Zuckerbonbon, wird seit Generationen dem Nachwuchs gern in den Mund geschoben, wenn Eltern ungestört durch die »Ulmer Mess« bummeln möchten.*

Hans Mahlknecht *handelt nach der Devise: »Gekocht wird, was seine Zeit hat«, und Saure Kutteln haben das ganze Jahr ihre Zeit.*

Treue Stammtisch-Gäste, Einheimische, Touristen und Prominenz, alle zieht es ins »Zunfthaus«.

Saure Kutteln

Für 4 Personen

- *50 g Fett*
- *3 mittlere Zwiebeln in Würfel*
- *1 mit Nelken gespickte Zwiebel*
- *100 g Mehl*
- *800 g Kutteln in Streifen geschnitten, nicht zu weich gekocht*
- *1/2 l Rotwein*
- *Tomatenmark*
- *Lorbeerblatt*
- *Wacholderbeeren*
- *weißer Pfeffer*
- *Apfelessig*
- *Suppenwürze*
- *Salz*

1 Die geschnittenen Kutteln in etwas Wasser mit einer mit Nelken gespickten Zwiebel, Lorbeerblatt und Wacholderbeeren aufkochen.

2 Separat in einer Kasserolle die geschnittenen Zwiebeln mit Fett andünsten, das Tomatenmark und das Mehl dazu geben und unter ständigem Rühren eine, nach Belieben hellere oder dunklere, braune »Brenne« vorbereiten, mit Rotwein und der heißen Brühe von den Kutteln ablöschen und einige Minuten aufkochen lassen. Die Kutteln dazugeben. Zum Abschluss noch mit Salz, Suppenwürze, weißem Pfeffer und Essig abschmecken. Dazu gibt es Röstkartoffeln.

Kutteln

Kutteln werden aus dem gereinigten Vormagen, vornehmlich des Rindes, zubereitet. Sie waren lange Zeit »das Gericht« für die Bauern, die auf den Ulmer Markt kamen, dort allerdings als Suppe und nur mit Brot gereicht.

Saure Kutteln.

Rohrnudeln mit Kompott von Birnen, Rotwein und Zimt

Für 4 Personen

Rohrnudeln

- *400 g Mehl*
- *35 g Hefe*
- *80 g Zucker*
- *1/4 l lauwarme Milch*
- *je 1 Ei und Eigelb*
- *30 g zerlassene, lauwarm abgekühlte Butter*
- *Salz*
- *Mark von 1/2 Vanilleschote*

Birnenkompott

- *6 mittlere Birnen*
- *300 ml Rotwein*
- *70 g Zucker*
- *1 Zimtstange*

1 Für die Rohrnudeln das Mehl in eine Schüssel sieben. In die Mitte eine Vertiefung drücken. Die Hefe zerbröckeln und mit 60 Gramm Zucker in der lauwarmen Milch auflösen. Die Mischung in die Mulde geben und den Vorteig zugedeckt 20 Minuten an einem warmen Ort gehen lassen.

2 Das Ei, das Eigelb, 20 Gramm Butter, Salz und Vanillemark zum Mehl geben und alles zu einem elastischen Teig verarbeiten. Diesen nochmals 20 Minuten zugedeckt gehen lassen. Den Backofen auf 190 °C vorheizen.

3 Den Teig durchkneten und 1 Zentimeter dick ausrollen. Daraus 1,5 Zentimeter große Kreise ausstechen. Das Backblech mit der restlichen Butter bestreichen und mit dem restlichen Zucker bestreuen. Die Teigkreise nebeneinander darauf legen und zugedeckt 10 Minuten gehen lassen. Im vorgeheizten Ofen in etwa 12 Minuten goldbraun backen.

4 Für das Kompott die Birnen schälen und die Kerngehäuse entfernen. Aus den Früchten mit einem Kugelausstecher Kugeln ausstechen. Den Rotwein mit dem Zucker und der Zimtstange auf die Hälfte einkochen. Die Birnenkugeln dazugeben und 5 Minuten bei schwacher Hitze kochen lassen.

5 Die ofenwarmen Rohrnudeln auf Teller setzen und mit dem warmen Birnenkompott servieren. Nach Wunsch Rahmeis zu dem Dessert reichen.

Siegfried Pfnür, *Gourmetkoch im Restaurant »Stephans Stuben« in Neu-Ulm, schaffte es, dass regionale Gerichte wie Rohrnudeln mit Kompott von Birnen, Rotwein und Zimt zu neuen Geschmackserlebnissen werden.*

Im Restaurant *»Stephans Stuben« in Neu-Ulm kann man sich so richtig wohl fühlen und edle Kochkunst in stilvollem Ambiente genießen.*

Rohrnudeln mit Kompott von Birnen, Rotwein und Zimt.

Markus Kreutle *vom Hotel-Restaurant »Feyrer« in Senden liebt die naturverbundene frische Küche mit regionalem Ursprung. Von ihm stammt das Gericht Rinderfilet im Heu gebraten mit Rotweinschalotten und Kartoffel-Karottenrösti.*

Rinderfilet im Heu gebraten mit Rotweinschalotten und Kartoffel-Karottenrösti

Für 4 Personen

Rinderfilet

- *4 Medaillons vom Rinderfilet à 180 g*
- *Salz*
- *schwarzer Pfeffer aus der Mühle*
- *50 ml Öl*
- *100 g getrocknetes Wiesenheu*

Rotweinschalotten

- *30 g Zucker*
- *40 g Butter*
- *600 g geschälte Schalotten*
- *20 ml Portwein*
- *50 ml Rotwein*
- *100 ml Cassismark*
- *40 ml Aceto balsamico*
- *1/2 EL Pommerysenf*
- *1 Zweig Rosmarin, gehackt*
- *1 Zweig Thymian, gehackt*
- *Salz*
- *schwarzer Pfeffer aus der Mühle*

Kartoffel-Karottenrösti

- *600 g geschälte Kartoffeln, grob geraspelt*
- *100 g geschälte Karotten, grob geraspelt*
- *Salz*
- *geriebene Muskatnuss*
- *100 ml Öl, 25 g Butter*

1 Für das Rinderfilet den Backofen auf 190 °C vorheizen. Die Fleischstücke mit Salz und Pfeffer würzen. Das Öl in einer Pfanne erhitzen und die Medaillons darin auf allen Seiten scharf anbraten.

2 Vier Stücke Alufolie (20 x 20 cm) zurechtschneiden. Die Hälfte des Heus darauf geben. Das angebratene Fleisch darauf setzen und jeweils mit dem restlichen Heu bedecken. Die Medaillons fest in der Folie einwickeln und etwa 20 Minuten im vorgeheizten Ofen garen.

Wer für das Rezept kein getrocknetes Wiesenheu zur Verfügung hat, nimmt einfach Bio-Heu aus der Zoohandlung.

Rinderfilet im Heu gebraten mit Rotweinschalotten und Kartoffel-Karottenrösti.

3 Für die Rotweinschalotten den Zucker in einem Topf mit der Butter leicht karamellisieren und die Schalotten dazugeben.

4 Die Mischung mit Portwein und Rotwein ablöschen und das Cassismark und den Aceto balsamico dazugeben.

5 Die Rotweinschalotten bei schwacher Hitze einkochen lassen, bis der Sud dickflüssig ist. Den Senf und die Kräuter unterrühren und alles mit Salz und Pfeffer abschmecken.

6 Für die Rösti die Kartoffeln mit den Karotten in einer Schüssel mischen und mit Salz und Muskat würzen. Die Masse mit den Händen gut ausdrücken, zu Röstis formen und in einer beschichteten Pfanne in heißer Öl-Butter-Mischung goldgelb ausbacken. Die Kartoffel-Karottenrösti auf Küchenpapier entfetten.

7 Das Filet aus der Folie nehmen. Das Heu entfernen und die Filets in Scheiben schneiden. Auf die Rotweinschalotten legen und mit den Kartoffel-Karottenrösti servieren.

Aceto balsamico

Im Englischen heißt Essig vinegar, im Französischen vinaigre – beides bedeutet »saurer Wein«, und das ist eine treffende Beschreibung – mit einer Ausnahme: Aceto balsamico. Diese italienische Spezialität wird seit Jahrhunderten in Modena in der Emilia Romagna hergestellt und im Gegensatz zu anderen Essigarten aus unvergorenem Traubensaft gewonnen – vorwiegend aus der weißen, sehr widerstandsfähigen Trebbiano- oder der roten Lambrusco-Traube.

Nach einem über 1000 Jahre alten Herstellungsverfahren wird der Traubensaft zunächst auf direktem Feuer in offenen Kupferkesseln erhitzt und zu Sirup reduziert; die Verwendung von Zusatzstoffen oder Fremdsubstanzen ist dabei verboten. Anschließend erfolgt die Zucker- und Essigsäuregärung des Konzentrats, wobei lediglich »Essigmutter«, eine Bakterienkolonie, zugegeben werden darf.

Während seiner Gärung und Reife lagert der Essig nacheinander in Fässern aus Eichen-, Kastanien-, Kirschbaum-, Eschen- und Maulbeerbaumholz; das Holz gibt dabei seine typischen Aromastoffe an ihn ab. Nach einigen Jahren der Alterung wird der Essig während der kalten Jahreszeit in immer kleinere Fässchen umgefüllt: Aus dem kleinsten Fass wird eine geringe Menge reifen Essigs entnommen und durch die entsprechende Menge aus dem nächstgrößeren Fass ersetzt. So geht es weiter bis zum größten Fass, das mit gekochtem Most aus dem laufenden Jahr aufgefüllt wird. Die Konzentration des Essigs wird während der Reifung immer höher. Von dem Saft aus 100 Kilogramm Trauben bleiben nach vielen Jahren – mindestens zwölf – nur etwa 2,5 bis 5 Liter Balsamessig übrig! Der Essigkeller befindet sich paradoxerweise meist auf dem Dachboden, um die nötigen Temperaturschwankungen zu gewährleisten – im Sommer heiß und im Winter kalt. Dies fördert Reife, Verfeinerung und Alterung des Produktes.

Der »Aceto balsamico tradizionale« ist sicher der kostbarste und edelste Essig weltweit. Sein charakteristischer, süßsaurer Geschmack wird mit der Alterung angenehmer und weicher, so dass man ihn nicht nur als »einfachen« Essig für den Salat oder jegliche andere Art von rohem Gemüse verwenden kann, sondern auch als würzende Zutat für Grill- und Kochfleisch, Suppen und Saucen. Kenner dosieren ihn nur tropfenweise mit einer Pipette oder einem feinen Zerstäuber. Als Hauch über Carpaccio, Salaten oder sogar frischen Erdbeeren bietet er ein einzigartiges Geschmackserlebnis.

Es ist übrigens historisch belegt, dass bereits Kaiser Heinrich III. zu seiner Krönung im Jahre 1046 ein Fässchen Balsamessig als Geschenk erhielt. Und in Adelsfamilien war es Sitte, Balsamessig als Mitgift in die Ehe zu bringen.

Die geschmackvoll *eingerichteten Gasträume im Hotel-Restaurant »Feyrer« laden den Gast zu einem gemütlichen Aufenthalt ein.*

Im Hotel-Restaurant »Feyrer« *mit seiner 100-jährigen Tradition kann man sich wie ein Landadeliger fühlen.*

In Ulm, um Ulm und um Ulm herum

Routenbeschreibung

Das in Gotik und Renaissance gewachsene historische Stadtbild von Ulm war weitgehend erhalten, als die Stadt im Zweiten Weltkrieg in Schutt und Asche sank und 85 Prozent der als Gesamtkunstwerk hoch gerühmten Altstadt dem Erdboden gleichgemacht wurden. Dennoch sind einige Gassen und Viertel so erhalten geblieben, dass sie einen Eindruck des reichsstädtischen Lebens vermitteln können. Den Rundgang beginnt man auf dem Münsterplatz.

Wuchtig und grandios erhebt sich der Münsterturm aus dem Rund der Häuser. Wer die vielen Stufen hinaufsteigt, wird auf dem letzten Kranz mit einem herrlichen

Architektonische Kontraste: *Direkt neben dem Münster wurde eine Stadthalle in postmodernem Stil gebaut.*

Blick über die Stadt, auf die Donau und auf das Umland belohnt. Zurück aus schwindelnder Höhe, geht man in die Altstadt. In dem Viertel zwischen Donau und Blau waren Schiffer und Fischer daheim, nutzten Müller, Gerber und Färber die Wasserarme für ihre Tätigkeit. In der Fischergasse steht noch ein Gerberhaus von 1500 mit Original-Lauben, die zum Trocknen der Häute dienten. Auf Holzsäulen steht das »Schiefe Haus« aus dem 16. Jahrhundert im gurgelnden Flussbett.

Schmale Stege führen durch handtuchbreite Gänge zum Fischerplätzle, das von zwei Prachtfachwerken eingerahmt wird: dem Zunfthaus der Schiffsleute und dem Schönen Haus, einem Schiffmeisterhaus aus dem 17. Jahrhundert. Das Zunfthaus, wie die gastliche Stätte im allgemeinen Sprachgebrauch genannt wird, ist eine letzte Bastion der Ulmer Wirtshaustradition. Hans Mahlknecht führt das wohl originellste Lokal in Ulm. Ein Blick in die »Speisenzeitung«, wie hier die Speisekarte genannt wird, offenbart urschwäbische Gerichte. In der Kronengasse geht es vorbei am Gasthaus *»Zur Krone«*, früher eine Fürstenherberge mit adeliger Gästeliste: Kaiser Ruprecht, Kaiser Maximilian I., König Ferdinand und eine Vielzahl von Erzherzögen, die in Ulm Quartier nahmen. Die nächste Station ist das Rathaus mit seinen reich verzierten Fassaden und der astronomischen Uhr. Im Innern ist eine Nachbildung der Berblingerschen Flugmaschine zu sehen. Nach dem Überqueren des Münsterplatzes geht es über die Platzgasse in das alte Handwerker- und Kaufmannsviertel nördlich des Münsters. Salzstadel, Büchsenhof und Kornhaus sind eindrucksvolle Stadelhäuser. Durch die Pflug-, Kohl-, Raben- und Hafengasse (dort waren die Töpfer zu Hause) geht es in das Viertel der Weber, das vorbildlich

Das »Schiefe Haus« *steht auf Holzsäulen und stammt aus dem 16. Jahrhundert.*

sanierte Gebiet mit dem Zeughaus. Der Weg zurück zum Münsterplatz führt an die Donau, entlang der Stadtmauer, vorbei an der Adlerbastion, wo Albrecht Berblinger seinen Flugversuch unternahm.

Auf der Stadtmauer gelangt man zum Metzgerturm und von dort über das Rathaus wieder zum Münsterplatz. Nicht vergessen sollte man den Blick von Neu-Ulm auf die Stadtsilhouette von Ulm. Ein bezauberndes Postkartenmotiv: Donau mit Stadtmauer, dahinter die spitzgiebeligen Stadthäuser, und über allem ragt das Münster.

In Neu-Ulm erwarten den Besucher in den *»Stephans Stuben«* kulinarische Kostproben der schwäbischen

Gourmetküche von Siegfried Pfnür. Regionales wird hier kreativ zu neuen Geschmackserlebnissen komponiert. Ein Stil, der in Ulm seinesgleichen sucht.
Die Rundfahrt zu den Landsitzen der Ulmer Patrizier und Kaufleute beginnt in Reutti.

Über 500 Jahre *waren Dorf und Burg Reutti im Besitz von Ulmer Patriziern.*

Im 13. Jahrhundert wurde das Anwesen von den Grafen von Kirchberg an die Patrizier zu Lehen gegeben. Um 1805 soll Napoleon hier mit seiner Generalität gewohnt haben, bevor er nach Oberelchingen eilte, um seinen Soldaten im Kampf gegen die Österreicher Mut zuzusprechen. Die französische Besetzung richtete in Reutti einen Schaden von 13 097 Gulden an - eine ungeheure Summe für die 127 Einwohner des Dorfes. Der Schlossherr von Roth hatte sich zuvor nach Ulm in Sicherheit gebracht und vom französischen Obristen eine Schutzwache erwirkt. Das Schloss blieb unzerstört.

Unweit von Reutti und Holzheim steht das nächste historische Refugium am Buchenwald: Schloss Neubronn mit dem Gut Tiefenbach. Hier scheint die Zeit stehen geblieben zu sein. Nichts hat das Original aus dem 16. Jahrhundert zerstört oder verändert. Alles ist noch da, auch der Seilzug, mit dem einst die Fruchtabgabe der Untertanen auf die Schlossbühne gehievt wurde. Immer noch gibt es nur ein Plumpsklo, immer noch versorgt eine eigene Quelle das Schloss mit Fließwasser. Original ist auch die auffällige Sonnenuhr auf der Südseite des Gebäudes.

In Illereichen legten die Herren von Rechberg im 15. Jahrhundert eine Handwerkersiedlung an und sicherten sie mit einer mächtigen Burg.

Schloss Neubronn *mit Gut Tiefenbach in Holzheim wurde im 16. Jahrhundert erbaut und ist noch original erhalten.*

Das Vöhlinschloss in Illertissen gehörte zum Besitz des Grafen von Kirchberg und wechselte im 16. Jahrhundert zu Erhard II. Vöhlin, der das Schloss zu seinem Herrschaftssitz machte. Während des Bauernkrieges suchten die Vöhlins in Ulm Schutz. Im 18. Jahrhundert wurde die Burg wegen Geldmangels an den Kurfürsten Maximilian III. Joseph von Bayern verkauft. Heute gehört das Schloss dem bayerischen Staat und beherbergt ein interessantes Bienenmuseum.

Das Vöhlinschloss *in Illertissen gehörte dem Grafen von Kirchberg und wechselte im 16. Jahrhundert in den Besitz von Erhard II. über.*

In Oberkirchberg bauten die reichen Fugger das Neue Schloss, nachdem zuvor Teile des Alten Schlosses durch

Nachdem das Alte Schloss *in Kirchberg durch eine Naturkatastrophe zerstört wurde, ließen Fugger das Neue Schloss errichten.*

einen Bergrutsch in die Iller stürzten. Die Fugger hatten schon immer ein Händchen, wenn es darum ging, Einnahmequellen aufzutun. Unterhalb des Schlosses betrieben sie eine Fähre, die später durch einen Steg ersetzt wurde. Sehr zum Unwillen der Reichsstadt Ulm, die seit 1440 den Brückenzoll in Unterkirchberg besaß und in jenem Steg eine Konkurrenz sah. Kurzerhand ließen die Ulmer diesen Steg zerstören. Freilich vergebens, denn Anton Fugger erwirkte von Kaiser Karl V. das Recht, eine Brücke zu errichten, die man sogar mit Wagen befahren konnte. Das Schloss Oberkirchberg ist bis heute der Wohnsitz der gräflichen Familie derer von Thun und Fugger-Kirchberg.

Das Schloss der Herrschaft von Erbach *wurde Ludwig von Ulm 1620 als Leben überlassen.*

Senden, als gräflicher Besitz auf der bayerischen Seite der Iller, war schon immer eng mit den Geschicken der Fugger von Oberkirchberg und der besagten Brücke verbunden. Im Hotel-Restaurant *»Feyrer«* mit seiner fast 100-jährigen gastlichen Tradition kann man sich wie ein Landadeliger fühlen. Markus Kreutle liebt die naturverbundene frische Küche mit regionalem Ursprung. Bei aller kulinarischen Phantasie verliert er nicht das Bodenständige der so typischen »Feyrer Küche«.

Das Schlossgut Obertalfingen *in Talfingen war zuerst im Besitz der alten Ulmer Patrizierfamilie von Besserer.*

Das Schloss der Herrschaft von Erbach bekam Ludwig von Ulm 1620 als Lehen überlassen. Das Geschlecht derer von Ulm kommt aus der Bodenseegegend. Heinrich von Ulm war zur Zeit des Konzils Bürgermeister in Konstanz und wurde 1418 zum Ritter geschlagen. Sein Nachkomme Ludwig von Ulm sammelte Verdienste am Hof zu Prag bei Kaiser Rudolf II. und avancierte zum Reichsvizekanzler.

Letzte Station auf der Fahrt um Ulm und um Ulm herum ist Talfingen. »Das Wasser ist aber kristall hell, hat wenig Alaun und läuft über Bergweiß (Kalk), Kreide und Gipserde ... im Trinken trocknet es und machet Durst«, so wurde anno 1786 das »Gesundbad Oberthalfingen« beschrieben. Das Schlossgut Obertalfingen war zu dieser Zeit übrigens im Besitz der alten Ulmer Patrizierfamilie von Besserer.

Die Glasstraße ist eine 250 Kilometer lange Route durch eine herrliche Landschaft im Oberpfälzer und im Bayerischen Wald mit gläserner Vergangenheit. Im Kontrast zur Ruhe der Landschaft – »Waldwoge steht hinter Waldwoge, bis eine die letzte ist und den Horizont schneidet« – stehen das Feuer und die gelbrot glühende Masse des Werkstoffs Glas mit all seiner Mystik und Spannung.

Die Glasstrasse

Die Route der Glasstraße *beginnt in Neustadt an der Waldnaab, der Stadt des Bleikristalls. Von dort weist das Glasstraßensymbol den Weg bis nach Passau.*

Wie aus dem Grundstoff Glas *schöne Gefäße hergestellt werden, kann man hautnah in den Glashütten erleben, wie hier in der Glashütte Eisch in Frauenau.*

Glas ist mehr als ein täglicher Gebrauchsgegenstand. Glas ist Phantasie, Kunst, Technik, Kultur, Geschichte und Moderne. Im Oberpfälzer Wald und besonders im Bayerischen Wald gibt es dazu unendlich viel zu erfahren. Zudem lädt eine traumhafte Landschaft zum Verweilen ein, zu ausgedehnten Wanderungen über das »grüne Dach Europas«, wie der Bayerische Wald schwärmerisch bezeichnet wird. Links und rechts der Glasstraße ist für das leibliche Wohl und ein sanftes Ruhekissen bestens gesorgt.

Ursprünglich bedeutete das Wort Glas »Bernstein«. Fast aller Schmuck der Germanen war aus diesem fossilen Harz gemacht. Durch die Römer lernten sie später Ringe, Ketten und Perlen aus einem neuen Material kennen, zerbrechlich und lichtdurchlässig, und benannten diesen Stoff mit ihrem heimischen Wort für Bernstein, »Glas«. Dem sprachlichen Wandel folgte ein kulturgeschichtlicher Wandel des Wertes: Im Mittelalter waren Glasgefäße nur den Reichen und Mächtigen vorbehalten. Verglaste Fenster, meist mit farbigen Bildergeschichten, fanden sich nur in klösterlichen Sakralbauten. Erst in der Renaissance eroberten Fenster mit Butzenscheiben und Trinkgläser allmählich das reiche Bürgerhaus. Heute ist Glas erschwinglich und gehört zum Alltag, wie eben Brille, Fotolinse, Limoflasche, Verbundscheibe, Gewächshaus und die Lichtfaser.

Seit wann der Mensch Glas herstellen kann, lässt sich nicht genau datieren. Vermutlich ist das erste Glas zufällig beim Brennen von Keramik oder beim Schmelzen von Metall entstanden. Tatsache ist, dass die ersten Glasperlen schon vor 6000 Jahren hergestellt wurden. Gefäße aus Glas tauchen erstmals ca. 1500 v. Chr. auf. Sie wurden noch in der Sandkerntechnik produziert: Ein Kern aus lehmigem Sand wurde in flüssiges Glas getaucht und so mit dem Material überzogen. Durch vorsichtiges Herauskratzen des Sandkerns nach dem Erkalten entstand, je nach Form des Kerns, ein Becher, eine Schale oder ein Krug. Derartige Erzeugnisse kann man im Glasmuseum in Frauenau bestaunen. Farbloses, durchsichtiges Glas konnte man mit den damaligen Techniken und Materialien nicht herstellen. Statt dessen gab man der Glasmasse durch Zusatz von Metalloxiden eine intensive Farbe. So galt das seit über 750 Jahren im Bayerischen Wald hergestellte Glas ursprünglich als minderwertig, weil es wegen des Eisenanteils im Quarz eine grünliche Tönung hatte. Das so genannte »Waldglas« fand dennoch seinen Absatz, da es der damaligen Mode entsprach.

Die abendländische Glasmacherkunst entwickelte sich ab dem 15. Jahrhundert in Venedig. Die venezianischen Kaufleute sorgten nicht nur für den Absatz der Glaswaren im gesamten Mittelmeerraum, sie

In Passau *hat die Glaskunst Tradition: Im Glasmuseum der Stadt sind Werke der böhmischen Glaskunst wie diese Krüge ausgestellt.*

brachten auch die neuen Glastechniken aus den islamischen Ländern mit. Den auf der Insel Murano angesiedelten Glasmachern war es unter Androhung der Todesstrafe verboten, die Geheimnisse der Herstellung weiterzugeben. Einige Glasmacher fanden aber trotzdem den Weg über die Alpen, um hier ihrer Profession nachzugehen oder um Glashütten zu gründen. Während im 17. Jahrhundert die venezianische Glasmacherkunst verfiel, expandierte die Glasherstellung im Bayerischen Wald. Dort zählte man gegen Ende des 17. Jahrhunderts an die 60 Glashütten, die vor allem Trinkgläser, Butzenscheiben, Spiegelglas und Glasperlen für Rosenkränze produzierten. Für all diese Schmelzöfen wurden große Mengen Holz benötigt. Noch mehr brauchte man für die Herstellung von Pottasche, die dem Quarz beigemengt wurde.

Wenn alle Bäume in der Umgebung der Hütte gefällt waren, zogen die Glasmacher einfach weiter in ein neues Revier. Das war die Zeit der »Wanderglashütte«. In den Tälern war die Rodung ein willkommener Nebeneffekt der Glasherstellung, denn sie ermöglichte eine anschließende Besiedelung des Gebietes. Die Hüttenherren ließen um die Glashütten herum jeweils kleine Glasmacherdörfer mit Quarzmühlen, Handwerksbetrieben und Wohnhäusern für die Arbeiter errichten. Neben einem Kirchlein durfte auch das Wirtshaus nicht fehlen, denn der Hüttenherr hatte meist auch eine Konzession zum Bierausschank, und so floss immer ein Teil der Löhne, die er den Glasarbeitern zahlte, wieder in seine Taschen zurück. Böhmen und das bayerisch-böhmische Grenzgebiet entwickelte sich als neues Zentrum für die Herstellung von hochwertigen und anspruchsvoll dekorierten Glasgefäßen. Biedermeier, Historismus und Jugendstil waren die Höhepunkte der Glasmacherkunst. Der Begriff »Böhmisches Glas« umfasste auch Produkte aus dem ostbayerischen Raum.

Aus buntem Glas *werden in der Glashütte Theresienthal u.a. diese hübschen Glasperlen gemacht.*

Geografisch gehört das deutsch-tschechische Grenzgebirge mit den zahlreichen dort auf beiden Seiten befindlichen Glashütten genau genommen zum Böhmerwald. Der Name »Bayerischer Wald« kam für den Höhenzug erst nach Errichtung des Eisernen Vorhangs in Gebrauch.
Aus dem Schatten der böhmischen Glasmacherei trat die bayerische erst im 19. Jahrhundert, aufgrund neuer wissenschaftlicher Erkenntnisse: Joseph Fraunhofer gelang nämlich die Erzeugung von Gläsern für leistungsfähige optische Geräte ohne die unerwünschten bunten Ränder. Mit verbesserten Prismen untersuchte er die Spektralfarben der Himmelskörper und entdeckte die später nach ihm benannten Fraunhoferschen Linien. Gegen Ende des 19. Jahrhunderts erreichten Ernst Abbe und Otto Schott weitere Verbesserungen bei der Herstellung von optischen Gläsern für Fernrohre, Mikroskope,

Mundgeblasene Bleikristallgläser *aus der Riedlhütte, einer der modernsten Glashütten Deutschlands.*

Der Physiker *und Glastechniker Joseph von Fraunhofer. Ihm gelang die Erzeugung von Gläsern für leistungsfähige optische Geräte, mit der der Grundstein für eine neue Glasindustrie gelegt wurde.*

Heißes, rot glühendes, formbares Glas *wird in eine Holzform eingeblasen (Glashütte Eisch).*

In der Glashütte Spiegelau *kann man Glasbläsern bei der Arbeit über die Schulter schauen – die beste Art, die Glasherstellung kennen zu lernen.*

Durch das Zugeben von Mennige (Bleioxid) zu den Glasrohstoffen erhält man hoch lichtbrechende Gläser, die an polierten Schliffflächen ihre volle Wirkung entfalten – dieses Glas heißt Bleikristall.

Kameraobjektive und Brillen. Die industrielle Glasherstellung nahm nun ihren Lauf.

Aber was ist eigentlich Glas? Die Wissenschaft definiert Glas als ein »anorganisches Schmelzprodukt, das ohne Kristallisation abkühlt und zu einer gefrorenen unterkühlten Flüssigkeit wird«. Schon im alten China wurde Glas als tausendjähriges Eis bezeichnet. Meist handelt es sich um Silikatglas: Wird Quarzsand bei etwa 1500 °C mit beispielsweise Soda und Kalk verschmolzen, entsteht Glas. »Flussmittel«, wie Soda, machen die Schmelze leichtflüssig und setzen somit die Schmelztemperatur herab, »Stabilisatoren« wie der Kalk sorgen für die chemische Beständigkeit des erkalteten Glases.

Jedes Glasprodukt besteht aus diesem Trio: Glasbildner, Flussmittel und Stabilisator. Die Dosierung und Zusammensetzung der erschmolzenen Rohstoffe bestimmen den spezifischen Charakter des Endprodukts und damit seinen weiteren Weg – sei es in den Küchenschrank oder in das Röntgengerät. Die Eigenschaft der Zähflüssigkeit über mehrere 100 °C hinweg ist das Charakteristikum des Glases. Denn in diesem Zustand lässt sich die Glasschmelze nach Belieben bearbeiten: Man kann sie gießen, ziehen, walzen, biegen und vor allem blasen. Glas wurde damit zum vielseitigsten Werkstoff in der Entwicklungsgeschichte der Menschheit.

Bei 1200 °C kann das Glas geblasen werden. Dazu entnimmt der Glasmacher mit einem etwa 1,5 Meter langen Eisenrohr honigzähes Glas aus dem Schmelzbehälter im Ofen und gibt ihm durch Drehen, Blasen, Schwenken Form und Gestalt. Neben der Mundblasfertigung hat sich die automatische Hohlglasfertigung durchgesetzt, welche im Prinzip die handwerklichen Prozesse nachahmt. An schrittweise rotierenden Karussellautomaten werden Glastropfen in Stahlformen geblasen oder gepresst. Seit Ende der 70er Jahre gibt es in der Oberpfalz auch eine moderne Float-

glasproduktion, bei der Flachglasscheiben kontinuierlich durch das Erstarren der Glasschmelze auf einem Zinnbad hergestellt werden.
Der Bayerische Wald, das Kernland der Glasmacher, ist bis heute eine Hochburg des handgefertigten Glases geblieben. Die abschließende Veredelung des Hohlglases verläuft zwar teils maschinell, wie beim Schleifen und Ätzen von Trinkglasserien. In den vielen kleinen Familienbetrieben Ostbayerns jedoch wird noch jedes Glas auf traditionelle Art graviert, geschliffen und bemalt. Unverzichtbar in Alltag und Hochtechnologie, aber auch ästhetisch reizvoll und verspielt oder faszinierend gestaltet von Künstlerhand – all das kann es sein, das Glas.

Glas machen und Kunst sind eng miteinander verflochten. Um die Vielfalt der handwerklichen Glasgestaltung zu fördern und zu erhalten, haben sich individuelle Glaswerkstätten und Glashütten zu der Gemeinschaft »Gläserner Winkel Bayerischer Wald« zusammengeschlossen. Im Zwieseler Winkel und in Zwiesel allein sind rund 40 Glasbläsereien, Glasmalerstudios, Gravurateliers und Schleiferwerkstätten, freischaffende Designer und Kleinglashütten ansässig. Meist findet man sie versteckt in Hinterhöfen und Privathäusern. Jede Werkstatt hat ihre gestalterische Eigenart entwickelt. Hier ist das persönliche Gespräch möglich, hier finden sich Sammlerstücke von traditionell bis avantgardistisch.
Künstlerische Begabung und die Liebe zum Material Glas zeigt sich auch beim »Geschundenen Glas«, das zur Wäldler Volkskunst gehört. Nach der Arbeit und vor allem in den Pausen war den Glasarbeitern erlaubt, eigene Glasgegenstände herzustellen: Schinderware. Das waren Gegenstände für den eigenen Haushalt, wie Bierkrüge, Teller, Tassen und Schüsseln, aber auch Scherzobjekte, Christbaumkugeln und natürlich Schnupftabakfläschchen.
»Wer nicht schindet und lieber Brotzeit macht, wird nie ein gescheiter Glasmacher«, lautet ein alter Glasmacherspruch. Die Nebentätigkeit war auch für den Hüttenbesitzer von Vorteil. Denn der Glasmacher konnte beim Schinden in Übung bleiben für Arbeiten, die gerade nicht gefragt waren, aber bei anderer Auftragslage wieder aktuell werden konnten. Zudem wurden beim Schinden neue Verarbeitungs- und Dekorationstechniken geübt und so neue Produkte entwickelt. Manche Hüttenherren kauften aus solchen Überlegungen heraus das geschundene Glas ihrer Arbeiter auf.
Bis heute ist das Schnupftabakfläschchen, das »Schmalzlerglas«, ein beliebter Anlass für zusätzliche Schinderei am Arbeitsplatz oder in der Freizeit. Die privaten Arbeiten können sehr bunt sein, mit aufwändigen Verzierungen, manchmal erinnern sie an alte Gläser aus böhmischen Glashütten. Dem Schinden ist es zu verdanken, dass so manche alte Technik über die von phantasieloser Massenproduktion dominierten 50er und 60er Jahre hinübergerettet werden konnte.

Der Graveur Christian Schmidt aus Rabenstein bei Zwiesel, der seine Werke mit «Crisch« signiert, liebt es farbig. Besonders gern arbeitet er mit Überfanggläsern, das sind farblose Gläser, die von einer gleichmäßigen dünnen Farbglasschicht überzogen sind, in leuchtendem Rot, Blau oder Gelb. Die Art, wie er Farbschattierungen durch unterschiedlich starke Gravur herausarbeitet, gilt heute als führend in Deutschland.
Großen Anteil an der Entwicklung des künstlerischen Schaffens mit Glas im Bayerischen Wald hat Erwin Eisch. 1927 in Frauenau geboren, baute er in den 50er Jahren zusammen mit seinen Eltern und seinen Brüdern die Glas-

Das Schnupftabakfläschchen *aus Glas ist ein Beispiel für die so genannte Schinderware, die die Arbeiter früher in den Arbeitspausen für ihre eigenen Bedürfnisse herstellen durften.*

Ein Graveur *bei der Arbeit (Kristallglashütte Spiegelau).*

Glas ist Kunst: *Ein Glasteller von Christian Schmidt aus Rabenstein.*

Der Glaskünstler Erwin Eisch *von der Glashütte Valentin Eisch beim Entwurf neuer Motive.*

Die Glashütte Eisch *bietet im Rahmen einer Sommerakademie Kurse in den Bereichen Glas, Keramik, Bildhauerei und Malerei an.*

Die Glashütte Eisch *zählt zu den großen Herstellern handgefertigter, kunstvoll bemalter Gläser in Deutschland. Jedes Glas ist ein Unikat.*

hütte Valentin Eisch auf. Das Studium der Bildhauerei und Innenarchitektur an der Kunstakademie in München bildet die Grundlage für seine »Glaskunst ohne Funktion«.
Erwin Eisch ist Mitglied der Studioglas-Bewegung des Amerikaners Littleton. Die Spuren menschlicher Bearbeitung sollten wieder sichtbar sein dürfen, Glas musste, von reiner Materialästhetik befreit, menschlicher Individualität zugänglich gemacht werden. Es war die Wiederbesinnung auf die alten Techniken des Freihandglases. »Wir wollen keine Kopien schaffen, sondern Gläser, in denen Geist und Gestalt unserer Zeit zum Ausdruck kommen«, so der Künstler über seine Ausdrucksformen.

Mit solchen Gläsern beansprucht Eisch, eine wesentliche Intention des Jugendstils weiterzutragen, nämlich die der poetischen, individuellen Gestaltung einer technisch-funktional ausgerichteten, normierten Umwelt. Das Ergebnis dieser Arbeit sind die herrlichen Hohlgläser, deren Wirkung mit »Poesie in Glas« treffend umschrieben ist. Die »Poesie«-Unikate sind ästhetische Objekte zum Genießen. Die Gläser weisen erstaunliche Effekte auf und zeigen hohe handwerkliche Qualität im traditionellen Sinn. Doch die Faszination der perfekten Handarbeit und die Wirkung von Farbeffekten wären nichts ohne Phantasie, Humor und ein Moment des Überraschenden.
Auch Theodor Sellner in Lohberg hat sich in den 70er Jahren von der traditionellen Form des Glases entfernt. Für ihn war die Studioglas-Bewegung vor allem ein Protest gegen die industrielle Automatenglasproduktion. Sellner liebt den leichten, spielerischen Umgang mit dem Material Glas und produziert Gegenstände in ungewöhnlichen Formen und kontrastreichen Farben. Unter dem Markenzeichen »Fausto« bringt der international bekannte Glasbildhauer Objekte von hohem gestalterischem Anspruch zu erschwinglichen Preisen heraus.
Durch das Engagement der Glaskünstler wird die Vielseitigkeit, Lebendig-

keit und Originalität der Glaslandschaft Bayerischer Wald auch in Zukunft erhalten bleiben.

Gläserspiele bestehen aus aufrecht stehenden Kelchgläsern, die von mit Wasser benetzten Fingerspitzen durch Reiben am oberen Rand zum Klingen gebracht werden. Unter Einsatz von Schlägeln können sogar glockenähnliche Töne erzeugt werden. Ab 1700 waren Gläserspiele unter der Bezeichnung »musical glasses« auf den Britischen Inseln sehr populär. Sie fanden den Weg ins restliche Europa als »Verrilon«, »Verrophon« oder »Glasspiel« und in unserem Jahrhundert auch als »Glasharfe«. Dieser Begriff wurde von dem Stuttgarter Glasmusiker Bruno Hoffmann geprägt. Dass dieses Instrument bekannt geblieben ist, verdanken wir auch dem Komponisten und Musiker Chr. W. Gluck (1714–1787), der anlässlich mehrerer Konzerte an den Höfen in London und Kopenhagen ankündigte, darauf »alles ausführen zu können, was auf einer Violine oder einem Cembalo möglich sei«.

Theodor G. Sellner *gelingt es, den mystisch anmutenden Umgang mit dem glühenden Glas erlebbar zu machen.*

Ihre Blüte erlebte die Glasmusik zu Mozarts Zeiten. Er komponierte zum Beispiel das Adagio in c-Moll KV 617a speziell für die virtuose blinde Glasharmonikaspielerin Marianne Kirchgässner. Die Klänge der Glasinstrumente lösten in jener Zeit große Euphorie aus. Empfindsame Damen sollen beim Zuhören vor Entzücken reihenweise in Ohnmacht gefallen sein.

Der amerikanische Staatsmann und Physiker Benjamin Franklin wurde 1761 durch ein Konzert mit »musical glasses« in London zur Erfindung der Glasharmonika angeregt. Er wollte durch die Anordnung der Glasschalen auf einer horizontalen Achse das mehrstimmige Spiel erleichtern. Ihr Klang verzauberte das Publikum und wurde zum Sinnbild der empfindsamen Zeit. Bach, Beethoven und Weber bezogen die Glasharmonika in mehr als 500 Werke ein. Heute wird die Glasharmonika als Soloinstrument bei Kammerkonzerten und in Opern (Donizettis »Lucia di Lammermoor« oder Richard Strauss' »Die Frau ohne Schatten«) sowie in zeitgenössischer Musik eingesetzt.
Ein Verrophon aus senkrecht in einem Korpus stehenden Glasröhren stellt mit seiner überraschenden Klangstärke und seiner präzisen Tonansprache ein besseres Pendant zu modernen Orchesterinstrumenten dar als die zart klingende historische Glasharmonika und das Gläserspiel. Zusammen mit einem Orchester oder zur Begleitung von Gesangssolisten kann diese Erfindung von Sacha Reckert aus dem Jahre 1985 dementsprechend vielseitiger eingesetzt werden. In der Glashütte Eisch in Frauenau ist es Tradition, zusammen mit den Glasmusikern Konzertinstrumente herzustellen. Bei der Arbeit mit dem Münchner Glasmusiker und Glasinstrumentenbauer Sacha Reckert entstand die Idee zu den alljährlich stattfindenden Glasmusikfestspielen.

Eine Glasskulptur *des international bekannten Glasbildhauers Theodor G. Sellner, der all seine Schaffenskraft im Glasstudio Lohberg konzentriert.*

Glasinstrumente *haben eine lange Tradition: In der Glashütte Eisch in Frauenau werden unter Mitwirkung von Glasmusikern Konzertinstrumente hergestellt.*

Alfons Walser, *Chefkoch im Hotel »Gut Schmelmerhof«, sammelt die Kräuter für seine Gerichte auf der nahe gelegenen Naturwiese selbst. Ob der Wiesenkräutersalat an Bachkressedressing mit Saiblingskrapfen deshalb so phantastisch schmeckt?*

Im romantischen Ambiente *des Hotels »Gut Schmelmerhof« in Rettenbach bei St. Englmar sollte man die kulinarische Reise entlang der Glasroute beginnen.*

Wiesenkräutersalat an Bachkressedressing mit Saiblingskrapfen

Für 4 Personen

Saiblingskrapfen

- *40 g Butter*
- *125 g Mehl, 2 Eier*
- *Salz, weißer Pfeffer aus der Mühle*
- *geriebene Muskatnuss*
- *4 Saiblingsfilets à etwa 80 g*
- *Saft von 1/2 Zitrone*
- *20 g Dill, fein gehackt*
- *1 kg Butterschmalz zum Frittieren*

Wiesenkräutersalat

- *200 g gemischte Wiesen- und Küchenkräuter (Schafgarbe, Brennnessel, Gänseblümchen, wilder Feldsalat, Sauerampfer, Bärlauch, Löwenzahn, Zitronenthymian, Lavendel und Salbei)*
- *1 Kopfsalat*
- *20 g Bachkresse, gehackt*
- *4 cl Sherryessig*
- *Salz, schwarzer Pfeffer aus der Mühle*
- *1 TL Honig*
- *200 ml Gemüsebrühe*
- *100 ml Traubenkernöl*

1 Für die Saiblingskrapfen die Butter mit 1/4 Liter Wasser aufkochen und das Mehl hineingeben. So lange rühren, bis sich ein Kloß bildet sowie ein dünner Film auf dem Topfboden. Den Topf von der Kochstelle nehmen und den Teig in eine Schüssel füllen. Die Eier, Salz und Muskatnuss mit den Knethaken des elektrischen Handrührgerätes in den Teig einarbeiten.

2 Die Saiblingsfilets in kleine Würfel schneiden. Mit Zitronensaft, Salz, Pfeffer und Dill würzen und unter den Brandteig rühren. Aus der Teigmasse mit 2 Esslöffeln Krapfen formen. Schmalz auf 180 °C erhitzen und die Krapfen darin goldgelb ausbacken.

3 Kräuter und Salat waschen, putzen und trocknen. Kresse, Essig, Salz, Pfeffer, Honig, Brühe und Öl verrühren. Salat damit mischen. Mit den Saiblingskrapfen anrichten.

Wiesenkräutersalat an Bachkressedressing mit Saiblingskrapfen.

Geschmorter Rehkitzschlegel mit Serviettenknödel

Für 4 Personen

- *1 Rehkitzschlegel (1,2 kg)*
- *Salz, schwarzer Pfeffer aus der Mühle*
- *1 EL Öl, 20 g Butter*
- *4 Karotten, in große Würfel geschnitten*
- *1/2 Sellerieknolle, in große Würfel geschnitten*
- *3 Zwiebeln, in große Würfel geschnitten*
- *50 g geräucherter Bauchspeck, in Würfel geschnitten*
- *1 Lauchstange, in größere Stücke geschnitten*
- *1 EL Tomatenmark*
- *1 l kräftiger trockener Rotwein*
- *2 Knoblauchzehen, gehackt*
- *1 TL Johannisbeergelee*
- *1 unbehandelte Orange, in Scheiben geschnitten*
- *2 EL Wildglace*
- *20 Wacholderbeeren, zerdrückt*
- *1 TL schwarze Pfefferkörner*
- *5 Gewürznelken, 3 Lorbeerblätter*
- *1 Thymianstrauß*
- *100 ml Aceto balsamico*
- *50 g eiskalte Butter*

1 Den Rehkitzschlegel mit Salz und Pfeffer würzen. Das Öl und die Butter in einem großen Bräter erhitzen und den Schlegel darin rundum kräftig anbraten. Den Backofen auf 220 °C vorheizen.

2 Den Rehkitzschlegel aus dem Bräter nehmen. Karotten, Sellerie, Zwiebeln und Bauchspeck in den Bräter geben und unter Rühren anbraten. Den Lauch zugeben und ebenfalls anbraten. Das Tomatenmark unterrühren und anrösten.

3 Das Gemüse mit 100 Milliliter Rotwein ablöschen und die Flüssigkeit einkochen lassen. Weitere 100 Milliliter Rotwein zugießen und die Flüssigkeit erneut reduzieren. Die restlichen Zutaten bis auf die Butter in den Bräter geben und alles einmal aufkochen lassen. Den Rehkitzschlegel in die Sauce geben und das Gericht zugedeckt etwa 1 1/2 Stunden im Ofen schmoren, bis das Fleisch weich ist.

4 Den Rehkitzschlegel aus der Sauce nehmen und warm stellen. Die Sauce durch ein Sieb passieren, dabei das Wurzelgemüse gut ausdrücken. Die Sauce auf die gewünschte Konsistenz einkochen lassen. Die Butter in Stückchen mit dem Stabmixer in die Sauce einarbeiten. Die Sauce mit Salz und Pfeffer abschmecken und über den Rehkitzschlegel gießen. Dazu passt Blaukraut.

Serviettenknödel

Für 4 Personen

- *40 g Butter*
- *6 Semmeln, in Würfel geschnitten*
- *1 Zwiebel, in feine Würfel geschnitten*
- *1/4 l warme Milch*
- *5 Eigelbe*
- *Salz, geriebene Muskatnuss*
- *200 g rohe Kartoffeln, geschält*
- *100 g Petersilie, fein gehackt*
- *100 g flüssige Butter*
- *5 Eiweiße*
- *1 großes Tuch*
- *Butter für das Tuch*

1 Die Butter erhitzen. Semmel- und Zwiebelwürfel darin anrösten. Die Mischung in eine Schüssel geben. Die Milch mit den Eigelben verrühren und über die Semmelmischung gießen. Alles mit Salz und Muskat würzen.

2 Kartoffeln fein reiben, mit Petersilie und Butter zur Semmelmasse geben. Eiweiße mit etwas Salz steif schlagen und unterheben. Masse in ein gebuttertes Tuch einrollen und in siedendem Salzwasser 30 bis 45 Minuten garen. Zum Servieren in Scheiben schneiden.

Sternekoch Gebhard Endl *im Hotel-Restaurant »Säumerhof« in Grafenau liebt leichte Regionalküche von hoher Qualität. Das beweist er mit dem Geschmorten Rehkitzschlegel mit Serviettenknödel.*

Geschmorter Rehkitzschlegel *mit Serviettenknödel.*

Hans-Peter Genosko *bereitet im Bistro-Restaurant »Hapetite« kulinarisch Bodenständiges auf hohem Niveau zu, wie Glaslfleisch mit saurem Kartoffelgemüse.*

Eine Kostprobe *im »Hapetite« in Spiegelau sollte man sich nach einem Besuch in der Glashütte nicht entgehen lassen.*

Glaslfleisch mit saurem Kartoffelgemüse

Für 4 Personen

Glaslfleisch

- *500 g Schweinenacken, gebraten*
- *500 g Schweinebauch, gekocht*
- *1/2 l Bratensauce*
- *6 Blatt Gelatine*
- *Salz, schwarzer Pfeffer aus der Mühle*
- *1/2 TL gerebelter Majoran*
- *2 Knoblauchzehen, fein gehackt*

Kartoffelgemüse

- *800 g fest kochende Kartoffeln, in grobe Würfel geschnitten*
- *je 200 g Karotten, Lauch, Knollensellerie und Zwiebeln, in grobe Würfel geschnitten*
- *800 ml Gemüsebrühe*
- *200 g Sahne*
- *20 g Crème fraîche*
- *20 g saure Sahne*
- *Salz, schwarzer Pfeffer aus der Mühle*
- *geriebene Muskatnuss*
- *Zucker nach Geschmack*
- *Essig nach Geschmack*
- *Schnittlauch, in feine Röllchen geschnitten, nach Geschmack*

1 Für das Glaslfleisch Schweinenacken und Schweinebauch in kleine Würfel schneiden. Die Bratensauce aufkochen. Die Gelatine in kaltem Wasser einweichen. Die Sauce mit Salz, Pfeffer, Majoran und Knoblauch würzen. Die Gelatine darin auflösen.

2 Das Fleisch in eine Terrinenform geben. Mit der Sauce auffüllen und mindestens 4 Stunden kalt stellen. Zum Abfüllen in Einmachgläser die Fleischstücke etwas größer würfeln und mit reichlich Sauce bedecken.

3 Für das Kartoffelgemüse die Kartoffeln und das Gemüse in der Gemüsebrühe weich kochen. Sahne, Crème fraîche und saure Sahne unterrühren. Mit Salz, Pfeffer, Muskatnuss, Zucker und Essig abschmecken. Das Kartoffelgemüse auf Teller geben. Mit Schnittlauchröllchen bestreuen. Das Glaslfleisch schneiden und dazu servieren.

Glaslfleisch mit saurem Kartoffelgemüse.

Carpaccio vom Brezenknödel mit gerösteten Pfifferlingen

Für 4 Personen

Carpaccio

- *3 Laugenbrezeln (Brezen)*
- *40 g Zwiebelwürfel, angeschwitzt*
- *100 ml Milch*
- *2 Eier*
- *2 EL Petersilie, gehackt*
- *Salz, schwarzer Pfeffer aus der Mühle*
- *200 ml kalte Tafelspitzbrühe*
- *60 ml Weißweinessig*
- *100 ml Öl*
- *je 2 EL Kerbel, Petersilie und Schnittlauch, fein gehackt*
- *Blattsalate zum Garnieren*

Pfifferlinge

- *2 EL Öl*
- *400 g Pfifferlinge, geputzt*
- *1 Schalotte, gehackt*
- *1/2 Knoblauchzehe, gehackt*
- *Salz, schwarzer Pfeffer aus der Mühle*

1 Die Brezen in Scheiben schneiden. Mit den Zwiebelwürfeln in eine Schüssel geben. Die Milch aufkochen und über die Brezenmischung gießen. Mit einem Topfdeckel abdecken und 30 Minuten ziehen lassen.

2 Die Knödelmasse mit den Eiern und der Petersilie vermischen. Mit Salz und Pfeffer würzen. Den Knödelteig zu einer Rolle formen, in ein Tuch einrollen, zubinden und in siedendem Salzwasser 20 Minuten ziehen lassen.

3 Die Tafelspitzbrühe mit Salz, Pfeffer, Essig und Öl zu einer Marinade aufschlagen und mit den gehackten Kräutern verfeinern.

4 Das Öl erhitzen und die Pfifferlinge darin anrösten. Die Schalotte und den Knoblauch zugeben. Mit Salz und Pfeffer würzen.

5 Den Brezenknödel in dünne Scheiben schneiden. Die Scheiben auf Teller geben und mit der Marinade beträufeln. Mit den Blattsalaten garnieren und die Pfifferlinge rundherum verteilen.

Pfifferlinge

Der Pfifferling, auch unter den Namen Gelbling, Rehling oder Eierschwamm bekannt, gehört zur Gattung der Leistenpilze. Er wächst – leider immer seltener – in unseren Laub- und Nadelwäldern und kann in der Zeit von Juli bis zum Spätherbst gesammelt werden. Seine Farbe ist blass- bis dottergelb, der Hut wird bis zu 8 Zentimeter breit und ist beim jungen Pilz gewölbt. Später wird er flach trichterförmig oder wellig gebogen.

Die Vielzahl der in ihm enthaltenen Aromastoffe macht den Pfifferling zu einem exzellenten Speisepilz, ob als Begleiter von Fleisch- und Wildgerichten oder als »Solist«.

Pfifferlinge schmecken nicht nur ausgesprochen gut, sie sind auch vitaminhaltig, kalorien- und fettarm. Außerdem enthalten sie wertvolle Mineralstoffe und wichtige Spurenelemente in großen Mengen.

Frische Pilze sollten fest sein und dickfleischige Hüte haben, die bei leichtem Druck etwas nachgeben. Stark verschmutzte Pfifferlinge wäscht man kurz unter fließendem Wasser und tupft sie sofort trocken. Sie sollten dabei nicht allzu viel Wasser aufsaugen, da sie so schnell an Aroma verlieren.

In einer Papiertüte bleiben Pfifferlinge etwa 1 Woche im Kühlschrank frisch.

Von Alfons Brandmüller *stammt das typische »Bierhütte«-Rezept Carpaccio vom Brezenknödel mit gerösteten Pfifferlingen.*

Carpaccio vom Brezenknödel *mit gerösteten Pfifferlingen.*

Die Glasstrasse

Routenbeschreibung

Die Welt des Glases ist geheimnisvoll und faszinierend zugleich. Nur die Glasmacher sind eingeweiht, wissen, wie aus Feuer und Erde ein Stoff erschaffen wird, der fast nur aus Licht besteht.
Ganz im Osten von Bayern liegt der Zugang zu dieser Welt voller Zauber: die Glasstraße.

Ihre Hauptroute beginnt in Neustadt an der Waldnaab, der »Stadt des Bleikristalls«, und endet in der Dreiflüssestadt Passau. Dazwischen liegen 250 Kilometer quer durch den Oberpfälzer und den Bayerischen Wald. Es gibt unendlich viel zu erleben und zu entdecken: die Herstellung edler Trinkgläser, traditionelles Jugendstilglas, funkelnde Kronleuchter, phantasievolles Lampenglas, Unikate von bedeutenden Glaskünstlern – kaum ein gläserner Wunsch bleibt unerfüllt. Aber nehmen Sie sich unbedingt genügend Zeit: Die Glasstraße ist viel zu schade für eine hektische Rallye! Schließlich lädt eine idyllisch-herbe Landschaft ein zu ausgedehnten Wanderungen in dem größten zusammenhängenden Waldgebiet Europas.

Ausgangspunkt für unsere Reise durch das Glasland ist Sankt Englmar. Im Ortsteil Glashütt begann vor 750 Jahren die Glasgeschichte des Bayerischen Waldes. Man nimmt an, dass hier in einer klösterlichen Glashütte um 1250 vor allem farbige Fensterscheiben für die Kapelle in Windberg und die Klosterkirche in Oberaltaich geschaffen wurden. Zwar gibt es in dem am sonnigen Hang gelegenen Sankt Englmar heute keine Glaserzeugung mehr, doch einkaufen kann man Glas hier hervorragend. Ansonsten setzt der Ort auf den ausgeprägten Skitourismus.

Im Frühjahr zieht es Chefkoch Alfons Walser vom Hotel *»Gut Schmelmerhof«* in Rettenbach bei Sankt Englmar hinaus auf die nahe gelegenen Naturwiesen, in die Wälder und an den Bach, um Wildkräuter für seine Küche zu sammeln. Auf der idyllischen Terrasse oder im romantischen Ambiente des Restaurants kann man das reichhaltige Angebot an bodenständig-kreativen Gerichten genießen und, wenn man Glück hat, den Tag bei einem grandiosen Sonnenuntergang über der fernen Donauebene ausklingen lassen.

Über Viechtach geht es auf der B85 weiter nach Petersdorf. Entlang der Bundesstraße verläuft der so genannte Pfahl, eine Quarzader, die zum Teil frei aus der Erde ragt. Ein kleines Naturwunder: Die bizarren, weiß glänzenden, hoch aufragenden Formationen sind wegen ihrer Härte nie verwittert. Dieser Pfahlquarz war jahrhundertelang eine Rohstoffquelle für die Glasmacher. An seinem hohen Eisenanteil lag es übrigens, dass die frühen Gläser grün waren.

In Bodenmais erreicht man die von Norden kommende Hauptroute der Glasstraße. In dem unterhalb des alten Silberbergwerks am Arbermassiv gelegenen Ort gab es bereits im 16. Jahrhundert eine Paternosterhütte, in der bunte Perlen gefertigt wurden – »Paternosterln« ist einer der vielen Namen für Rosenkranzperlen. Erst in den letzten drei Jahrzehnten allerdings wurde Bodenmais zur echten Glasstadt: Die ganze Hauptstraße entlang findet sich Verkaufsausstellung neben Verkaufsausstellung, und Wissbegierige können zwei Glashütten besichtigen. Reizvoll ist ein Abstecher zum 1486 Meter hohen Großen Arber mit seiner grandiosen Aussicht über das »grüne Dach Europas«.

In der alten Paternosterhütte *in Bodenmais wurden früher bunte Glasperlen gefertigt. Hier der einladende Eingang zur alten Hütte.*

Zwischen Zwiesel und Frauenau liegt im bergigen Tal der Zwieseler Winkel. Zwiesel ist das Zentrum der Glasherstellung im Bayerischen Wald: Seit etwa 1400 wird hier Glas geblasen. Die Silhouette der Glasstadt Zwiesel dominiert der rote Backsteinturm der St.-Nikolaus-Kirche. Die farbenprächtige Jugendstilverglasung des Gotteshauses dokumentiert den hohen Standard der damaligen Tafelglashütten im Umkreis von Zwiesel. Die Vereinigten Zwieseler und Pirnaer Farbenglaswerke (gegr. 1872) gehörten um 1900 zu den Hauptlieferanten von Butzenscheiben, Mosaik-, Antik- und Kathedralglas. Das vor den Toren Zwiesels gelegene Theresienthal wurde nach der bayerischen Königsgattin Theresia benannt, als Wilhelm Steigerwald 1836 die »Königlich privilegierte Krystallglasfabrik Theresienthal« ins Leben rief. Hier wird heute noch zeitlos schönes, elegantes Glas geblasen.

In der 1836 gegründeten *Glashütte Theresienthal werden heute noch einzigartige Gläser geblasen.*

Ein Katzensprung ist es von Zwiesel nach **Frauenau**, in das »gläserne Herz des Bayerischen Waldes«. Auch hier wird mindestens seit 1400 Glas hergestellt.
Teil dieser Tradition ist die Familie von Poschinger, vermutlich die älteste Industriellenfamilie Deutschlands. Die Familie ist seit 14 Generationen dem Glas verpflichtet. Von bekannten Künstlern gestaltete Werke aus den Poschinger-Hütten eroberten in der Zeit des Jugendstils die ganze Welt.
Im Gegensatz dazu ist die Eisch-Hütte ein junges Familienunternehmen. Ursprünglich nur ein Veredelungsbetrieb, wurde das in den Nachkriegsjahren gegründete Unternehmen erst 1952 zur Glashütte. Heute genießt das Unternehmen internationales Renommee, wobei Erwin Eisch, Glaskünstler und Mitbegründer der Studioglasbewegung der 60er und 70er Jahre, und seine Frau Gretl, Bildhauerin und Malerin, der Hüttenproduktion in den letzten Jahrzehnten entscheidende Impulse gegeben haben. Die Eisch-Hütte ist bekannt für individuelle Seriengestaltung.

Durch dichte Wälder geht die Fahrt weiter ins nächste Glaszentrum. Die beiden Glaswerke der Nachbarorte **Spiegelau** und **Riedlhütte** (die F. X. Nachtmann Bleikristallwerke Riedlhütte und die Kristallglasfabrik Spiegelau, ebenfalls zur Firma Nachtmann gehörig) haben sich auf Mundgeblasenes spezialisiert. Auch hier blickt man auf eine beständige Glastradition bis ins 15. Jahrhundert zurück. 1527 gab Georg Riedl der Riedlhütte ihren Namen.
Beide Glashütten gehören heute zu den modernsten Glasbetrieben Deutschlands, nicht zuletzt auch in puncto Umweltschutz. Schadstoffarme Schmelzverfahren sichern, dass der angrenzende Nationalpark ein Ort der Erholung und der Naturbewahrung bleiben wird.

Nach einer Werksbesichtigung oder einem Besuch der Schauräume kann man sich in **Spiegelau** im Bistro-Restaurant *»Hapetite«* von Hans-Peter Genosko kulinarisch verwöhnen lassen. Der ambitionierte Koch präsentiert erfrischend anders, und ohne vom heimischen Boden abzuheben, eine regionale Küche, die deutlich italophil geprägt ist.
Hans-Peter Genosko gibt auch gerne Tipps zu Wanderungen im Nationalpark Bayerischer Wald, speziell zur Besteigung des Rachel, der mit 1453 Metern markant die Landschaft überragt. Die Eltern des Küchenmeisters bewirtschaften das dortige Berggasthaus.

Wenige Autominuten weiter südlich liegt **Grafenau**. Hier zeigt das Schnupftabakmuseum (neben dem Kurpark) so manches Kuriosum und Wissenswerte über das anregende Pulver und natürlich auch rund 400 Varianten der so genannten »Schmalzlerglasl«. Im 19. Jahrhundert entwickelte sich Grafenau zur Insel eines regen Glasschneider- und -schleifergewerbes.

Eine gastronomische Topadresse ist der *»Säumerhof«* in Grafenau. Sternekoch Gebhard Endl liebt leichte Regionalküche von hoher Qualität. Seine Kreationen bieten ein unverfälschtes Geschmackserlebnis im liebevoll ausgestatteten Restaurant oder im Freien auf der lauschigen Terrasse.

Auf dem Weg nach **Freyung** lädt in einem alten Glashüttenort ein erstklassiges Hotel zum Verweilen ein: Aus der ehemaligen Glashütte und späteren Brauerei entstand hervorragend saniert und höchst komfortabel die *»Bierhütte«* im Ort gleichen Namens. In der Gegend um **Bierhütte** widmeten sich im 18. und 19. Jahrhundert übrigens viele Familien der Hinterglasmalerei.

Das Hotel und Restaurant *»Die Bierhütte«*, eine ehemalige Waldglashütte von 1512, ist eine der besten Adressen für stilvollen Urlaub und kulinarischen Genuss im Bayerischen Wald. Im Restaurant und Kellergewölbe dominiert ein rustikaler Barock, der wunderbar mit Terrasse und Park harmoniert.

Die Bundesstraße 85 nach Passau führt über Tittling. Neben einem kleinen See erstreckt sich eines der größten Freilichtmuseen Europas, das rund 150 Anwesen umfasst und von dem Sammler Georg Höltl zusammengetragen worden ist. Die originalen Holzhäuser aus dem 17. bis 19. Jahrhundert, am Ursprungsort abgebaut und Balken für Balken in Tittling wieder aufgebaut, vermitteln einen einzigartigen Überblick über die historische Baukultur des Bayerischen Waldes. Das hier ebenfalls wieder aufgebaute originale Hüttengebäude der böhmischen Lötz-Glashütte beherbergt u. a. wunderschöne Jugendstilfenster.

Eines der größten *Freilichtmuseen Europas wurde in Tittling erbaut.*

Das barocke Finale unserer Reise bildet die Bischofsstadt Passau. Hier blickt die Glasmalerei auf eine lange Tradition zurück: Schon Anfang des 16. Jahrhunderts wurden Maler und Glaser urkundlich erwähnt. In der Veste Oberhaus, hoch über Passau, kann man eine Reihe historischer Passauer Glasmalereien besichtigen. Seit 1985 ist man in Passau stolz auf ein international bedeutendes Glaszentrum. Dies hat der Glasregion Böhmen-Österreich-Bayerischer Wald mit dem Passauer Glasmuseum ein unvergleichliches Denkmal gesetzt.
Hier ist die weltgrößte Sammlung Böhmischen Glases (über 30 000 Ausstellungsstücke) zu bewundern. Wer durch die vier Stockwerke wandert, wird sich nicht satt sehen können an Gläsern aus Empire und Biedermeier, prunkvollen barocken Pokalen, aber auch an Gebrauchsglas aus vielen Jahrhunderten bis zur Neuzeit.

Im Glasmuseum *in Passau kann man noch einmal die Eindrücke der Glasstraße Revue passieren lassen.*

Wandervorschlag 1

Bei Viechtach vom Parkplatz an der B 85 hinauf zu den Quarzriffen des Großen Pfahl. An den einzelnen bizarren Felspartien entlang gehen Sie auf dem 5 Kilometer langen Rundweg »Großer Pfahl« (Markierung: weiße »9« auf rotem Grund). Gesamtgehzeit: ca. 2 Stunden.

Wandervorschlag 2

Abstecher von Bodenmais zum Großen Arber

Von Bodenmais fahren Sie auf der nach Bayerisch Eisenstein führenden Straße zum Großen Arbersee (8 Kilometer; Parkplatz, Gasthaus »Arberseehaus«, Bootsverleih) und an den Hängen des Arber entlang weiter zur Talstation des Arber-Sessellifts (Mai bis September tägl. 8–17.45 Uhr, Okt. bis April 8–16.45 Uhr).
Die Fahrt auf der 900 Meter langen Liftstrecke, die einen Höhenunterschied von 320 Metern überwindet und unterhalb des Gipfels endet, dauert 10 Minuten und ist sehr zu empfehlen.
Der Große Arber ist mit 1 456 Metern der höchste Berg des Bayerischen und des Böhmerwaldes. Unterhalb des Gipfels steht das bewirtschaftete Unterkunftshaus des Bayerischen Waldvereins.

Mitten in Wirsberg, *direkt am Marktplatz, liegt das im eleganten Landhausstil eingerichtete »Herrmann's Posthotel«.*

Hier finden Sie für jede Reiseroute die Adressen der Restaurants und Gasthöfe, die in diesem Buch näher beschrieben werden.

Adressen

Käseroute

▮ *»Landhaus Henze«*
Wohlmutser Weg 2
87463 Dietmannsried-Probstried
Tel. 0 83 74/58 32 20, Fax 0 83 74/58 32 22

▮ *Landgasthaus »Adler«*
Obere Dorfstraße 4
88239 Wangen-Deuschelried
Tel. 0 75 22/70 74 77, Fax 0 75 22/70 74 78

▮ *Hotel-Restaurant »Traube«*
Kirchdorfer Straße 12
87534 Oberstaufen-Thalkirchdorf
Tel. 0 83 25/9 20-0, Fax 0 83 25/9 20-39

▮ *Bergkäserei Diepolz eG*
Diepolz 1, 87509 Immenstadt
Tel. 0 83 20/4 80
Spezialitäten: Bergkäse, Emmentaler, Butter
Öffnungszeiten: Mo–Sa 8–12 und 16–18 Uhr; So/Feiertag 8–9 und 16–18 Uhr

▮ *Käserei Zurwies*
Zurwies 11, 88239 Wangen
Tel. 0 75 22/55 81
Spezialität: Weichkäse
Öffnungszeiten: Mo–Fr 10–12 Uhr
Mo/Mi–Fr 16–18 Uhr, Sa 9–12 Uhr

Salzstraße

▮ *Landgasthaus »Schuster«*
Haus 19, 94078 Freyung
Tel. und Fax 0 85 51/71 84

▮ *Altstadthotels Zur Post*
Stadtplatz 39, 84489 Burghausen
Tel. 0 86 77/9 65-0, Fax 0 86 77/9 65-6 66

▮ *Hotel-Gasthof Zur Post*
Poststraße 1, 94166 Stubenberg-Prienbach
Tel. 0 85 71/6 00-0, Fax 0 85 71/6 00-2 30

▮ *Gasthaus Zur blauen Donau*
Höllgasse 14, 94032 Passau
Tel. 08 51/4 90 86 60

▮ *Salzbergwerk Berchtesgaden*
Bergwerkstraße 83, 83471 Berchtesgaden
Tel. 0 86 52/60 02-0, Fax 0 86 52/60 02-60
Öffnungszeiten:
Mai–Oktober täglich 9–17 Uhr

In traditioneller Bergmannstracht gekleidet bringt Sie die Grubenbahn in das Innere des Berges. Über Rutschbahnen und durch dunkle Stollen geht der Weg vorbei an stillgelegten Sinkwerken und an einer bunt-schimmernden Salzgrotte.

Bierstraße

▮ *Hotel-Restaurant Lohmühle*
Badstraße 37
95444 Bayreuth
Tel. 09 21/53 06-0, Fax 09 21/53 06-4 69

▮ *Hotel-Restaurant »Feiler«*
Oberer Markt 4
91346 Wiesenttal-Muggendorf
Tel. 0 91 96/9 29 50, Fax 0 91 96/3 62

▮ *»Hermann's Posthotel«*
Marktplatz 11, 95339 Wirsberg
Tel. 0 92 27/20 80, Fax 0 92 27/58 60

▮ *Brauerei Haberstumpf*
Bergstraße 31, 95367 Trebgast
Tel. 0 92 27/3 51, Fax 0 92 27/22 73
Besichtigung nach Vereinbarung
Angebot: helles Landkrönla, dunkles Kupferkrönla, Zwickelbier, Doppelbock

▮ *Brauerei Gebr. Maisel GmbH & Co. KG*
Hindenburgstraße 9, 92445 Bayreuth
Tel. 09 21/40 10, Fax 09 21/40 12 06
Besichtigung nach Vereinbarung
Angebot: Maisel's Weißbiere

▮ *Brauerei- und Büttnermuseum Gebr. Maisel's »Alte Brauerei«*
Kulmbacher Straße 40, 95445 Bayreuth
Tel. 09 21/40 12 34, Fax 09 21/40 12 06
Führung: Mo–Sa 10 Uhr,

Darstellung der Kunst des Bierbrauens im Wandel der Jahrhunderte, des Büttnerhandwerks und ein Besuch der Bierstube zum Verkosten der Bierspezialitäten.

■ *Brauerei Schnupp*
Altdrosselfeld 8, 95512 Neudrosselfeld
Tel. 0 92 03/99 20, Fax 0 92 03/9 92 50
Besichtigung nach Vereinbarung.
Angebot: Storchen leicht, Vollbier, Edelpilsner, Altfränkisch

Moselweinstraße

■ *Restaurant »Alte Mühle«* Thomas Höreth
Mühlental 17, 56330 Kobern-Gondorf
Tel. 0 26 07/64 74, Fax 0 26 07/68 48

■ *Hotel-Restaurant »Burg Thurant«*
Moselstraße 15, 56332 Alken
Tel. und Fax 0 26 05/35 81

■ *Wein- & Tafelhaus, Restaurant-Weinstube*
Moselpromenade 4, 54349 Trittenheim
Tel. 0 65 07/70 28 03, Fax 0 65 07/70 28 04

■ *Jugendstilhotel Bellevue*
Am Moselufer, 56841 Traben-Trarbach
Tel. 0 65 41/7 03-0, Fax 0 65 41/7 03-4 00

Viezstraße

■ *»Auberge de la Klauss«*
F-57480 Montenach
Tel. 0 03 33/8 28 37-2 38, Fax 8 28 37-3 00

■ *Victor's Residenz Hotel »Schloss Berg«*
Schlosshof 7, 66706 Nennig
Tel. 0 68 66/79-0, Fax 0 68 66/79-100

■ *Landidyllhotel »Zur Saarschleife«*
Cloefstraße 44, 66693 Orscholz
Tel. 0 68 65/1 79-0, Fax 0 68 65/1 79-30

■ *Hotel-Restaurant »Birkenhof«*
Saarbrücker Straße 9, 66706 Sinz
Tel. 0 68 66/2 02, Fax 0 68 66/12 12

Bocksbeutelstraße

■ *Romantik-Hotel »Zehntkeller«*
Bahnhofstraße 12
97346 Iphofen
Tel. 0 93 23/8 44-0, Fax 0 93 23/84 4-123

■ *Gasthof »Schiff«*
Fährweg 14, 97286 Winterhausen
Tel. 0 93 33/17 85, Fax 0 93 33/18 32

■ *Hotel-Restaurant »Landgasthof Leicht«*
Würzburger Straße 3, 97318 Biebelried
Tel. 0 93 02/8 14, Fax 0 93 02/31 63

■ *Restaurant »Himmelstoß«*
Bamberger Straße 3, 97337 Dettelbach
Tel. 0 93 24/47 76, Fax 0 93 24/49 69

Porzellanstraße

■ *Restaurant »Burg Wernberg«*
Schlossberg 10, 92533 Wernberg-Köblitz
Tel. 0 96 04/93 90, Fax 0 96 04/ 93 91 39

■ *Hotel-Restaurant »Jägerstüberl«*
Luisenburg 5, 95632 Wunsiedel
Tel. 0 92 32/44 34, Fax 0 92 32/15 56

■ *Restaurant »Egertal«*
Wunsiedler Straße 49, 85159 Weißenstadt
Tel. 0 92 53/2 37, Fax 0 92 53/5 00

■ *Rosenthal AG*
Regenbogenhaus
Wittelsbacher Straße 43, 95100 Selb
Tel. 0 92 87/72 0
Verkauf: Mo–Fr 10–18 Uhr, Sa 9–13 Uhr
Werksbesichtigung: nach Vereinbarung
Tel. 0 92 87/7 23 44

■ *Winterling Porzellan AG Hutschenreuther*
Jacobsburg 1–7, 95659 Arzberg
Tel. 0 92 33/40 81 35
Verkauf: Mo–Fr 9–13 und 14–18 Uhr, Sa 9–13 Uhr

■ *C. M. Manufaktur für Fine Bone China Hohenberg GmbH & Co. KG Dibbern*
Freundschaft 1, 95651 Hohenberg
Tel. 0 92 33/40 70
Verkauf: Mo–Fr 10–18 Uhr, Sa 9–13 Uhr

Bei kulinarischen Kostproben *in der Gegend um Ulm sollte man einen Zwischenstopp im Hotel-Restaurant »Feyrer« in Senden einlegen und viel Zeit einplanen, um die gemütliche Atmosphäre zu genießen.*

Zum Kennenlernen einer Region gehört auch das Entdecken neuer Adressen für Genießer. Dieses Verzeichnis hilft Ihnen dabei.

In Winterhausen *an der Bocksbeutelstraße lädt der Gasthof »Schiff« zu einem kulinarischen Höhepunkt ein.*

Die hier aufgeführten Hotel-Restaurants sind in idyllischer Lage gelegen. Es lohnt sich, sich dort einige Tage verwöhnen zu lassen und in Ruhe die Gegend zu erkunden.

In Ulm, um Ulm …

Gaststuben
im *Zunfthaus der Schiffleute*
Fischergasse 11, 89073 Ulm
Tel. 07 31/6 44 11, Fax 07 31/6 44 39

Hotel-Restaurant »Feyrer«
Bahnhofstraße 18, 89250 Senden
Tel. 0 73 07/9 41-0, Fax 0 73 07/9 41-150

Restaurant »Stephans Stuben«
Bahnhofstraße 65, 89232 Neu-Ulm
Tel. und Fax 07 31/72 38 72

Bäckerei Martin Zaiser
Herrenkellergasse 17, 89073 Ulm
Tel. 07 31/6 22 16, Fax 07 31/6 02 75 06
Verkauf: Mo–Fr 6–18 Uhr
Spezialitäten: Ulmer Zuckerbrot, Münsterkuchen sowie feine Backwaren, reiche Brot- und Kleingebäckauswahl.

Glasstraße

Hotel »Gut Schmelmerhof«
Rettenbach 24, 94379 St. Englmar
Tel. 0 99 65/1 89-0, Fax 0 99 65/1 89-1 40

Restaurant »Hapetite«
Rübezahlstraße 31, 94518 Spiegelau
Tel. 0 85 53/97 91 91, Fax 0 85 53/60 67

Hotel-Restaurant »Säumerhof«
Steinberg 32, 94481 Grafenau
Tel. 0 85 52/4 08 99-0
Fax 0 85 52/4 08 99-50

Hotel-Restaurant »Die Bierhütte«
Bierhütte 10, 94545 Hohenau
Tel. 0 85 58/96 12-0, Fax 0 85 58/96 12-70

Joska-Crystal
Am Moosbach 1, 94249 Bodenmais
Tel. 0 99 24/77 90, Fax 0 99 24/17 96
Verkauf: Mo–Fr 9–18 Uhr, Sa 9–14 Uhr
Besichtigung: Mo–Fr 9–17 Uhr, Sa 9–14 Uhr

Glashütte Valentin Eisch
Am Steg 7, 94258 Frauenau
Tel. 0 99 26/18 90, Fax 0 99 26/18 92 50
Verkauf: Mo–Fr 9–18 Uhr, Sa 9–14 Uhr
Besichtigung: täglich 9–14 Uhr

Freiherr von Poschinger Glashütte
Moosauhütte 12, 94258 Frauenau
Tel. 0 99 26/94 01, Fax 0 99 26/17 11
Verkauf: Mo–Fr 9.30–18 Uhr, Sa 9–14 Uhr
Besichtigung: Mo–Fr 9.30–14.30 Uhr, Sa 9–13 Uhr

Sellner Glashütte, Alte Kirche Lohberg
Brennesstraße 1, 93470 Lohberg
Tel. 0 99 43/90 28 30, Fax 0 99 43/90 28 31
Verkauf: nach Vereinbarung

Kristallglasfabrik Spiegelau
Hauptstraße 2–4, 94518 Spiegelau
Tel. 0 85 53/9 10 61, Fax 0 85 53/29 10
Verkauf: Mo–Fr 9.30–18 Uhr, Sa 9.30–16 Uhr
Besichtigung: Mo–Fr 9–12.30 Uhr, Sa 9–11 Uhr

Köchinnen und Köche

Weingüter

Weingut Franzen
Reinhold Franzen
Gartenstraße 14
56814 Bremm

Weingut Fritz Haag
Dusemonder Straße 44
54472 Brauneberg

Weingut Dr. Loosen
St. Johannishof
54470 Bernkastel-Kues

Weingut Heymann-Löwenstein
Bahnhofstraße 10
56333 Winningen

Juliusspital
Klinikstraße 1
97070 Würzburg

Weingut Egon Schäffer
Astheimer Straße 17
97332 Volkach-Escherndorf

Weingut Johann Ruck
Marktplatz 19
97346 Iphofen

Weingut Glaser-Himmelstoß
Langgasse 7
97334 Nordheim

Weingut Schloss Sommerhausen
Ochsenfurter Straße 17-19
97286 Sommerhausen

Die »Bierhütte« *ist ein Hotel-Restaurant, das einst eine Glashütte war. Heute ist das barocke Gebäude eine ruhige Ferienadresse im Bayerischen Wald.*

Lernen Sie bodenständige, neue und gewagte kulinarische Kreationen kennen, die von den Köchen der Regionen zubereitet werden.

Ein Wegekreuz *wie dieses wurde früher häufig in katholischen Gegenden aufgestellt, um die Menschen zum kurzen Innehalten auf ihren Fußmärschen zu bewegen.*

Genießer, die selbst gerne zum Kochlöffel greifen, sollten das eine oder andere Rezept aus diesem Buch probieren.

Rezeptregister

A

B

C

D

F

G

K

M

R

S

T

W

Zur herzhaften fränkischen Brotzeit *gehört neben Käse und Wurst natürlich auch ein süffiger Frankenwein aus dem Bocksbeutel.*

Alle in diesem Buch aufgeführten Rezepte sind von dem jeweiligen Koch speziell dafür kreiert worden.

Für jeden Zweck *das richtige Werkzeug: Kellen, Schneebesen und Rührlöffel in allen Größen und Formen hängen griffbereit.*

Filmisches Konzept: Udo Eckert
Bildredaktion: Bettina Huber, Elisabeth Franz
Bildnachweis: AKG, Berlin: 12 u., 29 u., 30 l., 44 r., 47 o., u., 61, 76 l. u., 77 r., 95 r., 108 l., 110 l. o., r. o., 124 l. o., 141 r. u.; Udo Eckert: 20 u., 36; Christian Kargl, München: 7, 58–67, 70–105, 138–153, 172–175; Frank Heuer, München: Vorsatz, 6, 10–19, 20 o., M., 21–35, 38–49, 51–57, 106–129, 131–137, 154–169, 170, 171, 176; IFA Bilderteam, München: 3 (B. Möller); Mechthild Schneider, Saarbrücken: 37, 50, 68, 69, 130; Ulrich Kerth, München: 76 r. o., 108 l.
Grafisches Konzept: Büro für Gestaltung, Dietmar Mayer, Friedhelm Ott, Hamburg
Einband: Atelier Versen, Bad Aibling
Karten: Achim Norweg, München
Redaktion: Astrid Wilke, Berlin
Redaktionsleitung: Anja Halveland
Lithografie: PHG Lithos GmbH, München
DTP: Reiner Löb

ISBN: 978-3-8094-2219-8

Satz für diese Ausgabe: Filmsatz Schröter, München
Druck/Verarbeitung: Mohn media Mohndruck, Gütersloh

Printed in Germany

579/061830201X817 2635 4453 6271